KB267260

사회성이 부족한 아이 돕기

사회성이 부족한 아이 돕기

최명선 · 정유진 · 서은미 지음

이담 Books

'마음맑음 시리즈'에 참여한 저자들은 처음부터 책을 쓸 목적으로 만나지 않았습니다. 저희는 아동심리치료에 대한 소신과 열정으로 석·박사 과정에서 성실히 학문적 기초를 쌓고, 워크숍과 임상교육을 통해 심화된 지식을 얻고자 한 사람들입니다. 또한 많은 임상경험과 훈련을 통해 누구보다 내실을 기하며 상담자의 길을 가고자 했습니다. 하지만 치료실에서 아이들을 만나면서 또다시 한계에 부딪히고 더 연구하고 더 알아야 할 것들에 대해 고민하게 되었습니다.

그래서 지식을 더 깊게 하기 위한 마음을 모았고 시간을 쪼개어 함께 공부를 시작했습니다. 정기적인 작은 세미나를 가졌고, 최근 센터에 내원하는 아이들의 주 호소 문제를 분석하며 산발적으로 소개된 관련 내용을 모아 발표하고 토론하는 시간을 가졌습니다. 주제를 발표할 사람, 사례를 발표할 사람, 세미나를 마치고 내용을 종합·정리할 사람들이 열심히 자료를 정리하고 수집하다가, 이 자료를 '더 많은 사람들'과 나눌 수는 없을까 하는 생각을 하게 되었습니다. 그 사람들이란 아이들의 부모님이나 교사가 될 수도 있고, 아동과 관련된 일을 하는 현장 종사자가 될 수도 있으며, 우리들의 동료나 후배, 우리가 가르치는 학생들일 수도, 만나보지는 못했지만 이제 막 상담을 시작하는 초보상담자일 수도 있습니다. 스스로 닥친 문제를 해결하고자 하는 부모님이나 교사들, 각 증상을 가진 내담아동에 대한 지식을 열심히 찾고 있는 학생들, 치료실 안팎에서 아동과 부모를 위해 공부하고 문제를 해결해주고자 정성을 쏟고 있을 상담자들과 자료를 공유하고 싶었습니다.

원고를 쓰기 시작할 때, 상담에 막 입문했던 학생시절, 초보엄마, 초보 상담사 시절을 떠올리며, 그때로 돌아가 보았습니다. 공부와 임상을 오가며 바쁜 나날들을 보냈고, 내담아동과 부모를 위해 지식을 얻고 싶었던 마음은 조급하고도 절실했지만 주어진 지식현장은 그렇지 않았습니다. 갓 들어온 원서를 복사해서 보거나 번역서 관련 내용을 동냥해서 읽는 등 참으로 답답하고 안타까운 시간을 보냈습니다. 최신판 번역서를 읽고 의미를 정확히 이해하고자 원서를 다시 찾아 읽기도 하고, 그것도 안 될 때는 몇몇 부분은 아쉽게 넘겨버린 기억도 있습니다. 그 마음으로 돌아가 쓴 책이라 일반 부모님들께는 다소 어려울 수 있고, 숙련 상담자들에게는 역으로 너무 쉬운 내용일 수도 있을 것입니다. 이 책의 대상에 대해 많은 고민을 했지만, 그냥 단순하게 '필요로 하는 사람들'을 생각하며 내놓겠습니다. 부족하거나 얕은 부분은 약속한 기간까지 더 연구하고 공부하여 개정판에서 발전시켜 선보일 것을 약속합니다.

본 시리즈의 내용은 특정 증상의 특성과 원인, 측정하는 방법에 대해 이해하고, 다양한 치료적 접근 그리고 부모나 교사가 직접 실행해 보거나 그들과의 부모상담에서 사용할 수 있는 구체적인 예방과 대처로 구성되어 있습니다. 마지막으로 아이의 문제로 지치고 힘들어하는 부모님께 상담실 안에서 해주지 못한 저자들의 마음을 편지로 담았습니다.

이제 몇 권의 주제로 시리즈의 첫 문을 두드립니다. 앞으로 우리가 공부하고 함께 나눌 지식은 훨씬 더 많고, 깊으니 갈 길은 멀지만 의미 있는 일들에

설레기도 합니다. 아이들과 부모님들을 돕기 위한 저자들의 고민과 열정의 꽃은 사계절 피어날 것이며 치료자들과 나누고자 하는 마음도 변치 않을 것입니다. 부족하지만 본 시리즈가 관련 어려움을 가진 아동, 청소년들을 만나고 있는 그 누구에게라도 작은 보탬이 되길 바랍니다.

마지막으로 한국에 놀이치료의 씨앗을 심고, 가꾸어 주시며 많은 치료사들이 탄탄한 훈련의 길을 거쳐 소신을 펼칠 수 있도록 힘이 되어주고 계시는 '한국놀이치료학회 1세대 놀이치료전문가' 선생님들께 고개 숙여 감사드립니다. 그리고 직업적 신념과 열정을 잘 이해해주시고 기꺼이 출판의 길을 열어주신 한국학술정보(주) 관계자 여러분들과 책을 마무리하는 데 모두가 한마음이 되어 열심히 해준 아동청소년상담센터 맑음 치료자들과 인턴 선생님들께도 감사의 인사를 전합니다.

맑음 연구실에서
저자 대표 최명선

Contents

PART 01

사회성 부족으로
사회적 관계에
어려움이 있는
아이들

사람은 관계의 동물이다. 단둘의 관계, 즉 단짝 관계를 넘어서면서부터 작은 사회는 시작된다. 삼각관계는 둘의 역동보다 훨씬 다이내믹하다. 어린 자녀를 둔 어머니들은 자녀가 둘일 때의 역동과 셋일 때의 역동이 하늘과 땅 차이라고 표현한다. 상담소에 있노라면 사회적인 적응문제로 상담소 문을 두드리는 내담자들을 많이 만나게 된다. 새로운 친구 사귀기를 힘들어하는 아이부터, 부끄러워 친구들 앞에서 개미 같은 목소리로 이야기하는 아이, 규칙을 따르기 어려워하는 아이 등 다양한 모습을 보이며 학령 전기 아이부터 청소년에 이르기까지 않은 아이들이 또래 관계 어려움을 호소해 온다.

1. 사회성이란 무엇인가?

1) 사회성의 정의

한 아이가 태어나서 건강한 성인으로 성장하려면 필연적으로 타인과 접촉하게 된다. 한 아이가 타인과 정서적 접촉을, 그리고 연대감을 갖기 위해서는 개인적인 안정감이 필요하다. 또한 다른 사람이나 자신을 둘러싸고 있는 주위 환경과 관계를 맺고, 이러한 관계에서 필요한 행동양식을 습득하기 위해서는 '사람과 관계를 맺어 가는 성질', '사회를 형성하려는 특성', 즉, '남과 잘 사귀려는 성질'이 필요하다. 사회성이란 한 개인의 사회 적응 정도나 대인관계의 원만성을 말한다. 애착이 특정한 사람과의 친밀감을 뜻한다면, 사회성은 보다 다양한 사람과의 긍정적인 관계 형성을 의미한다. 또한 사회성의 정도는 대부분의 장애 진단에 매우 중요한 요소가 된다(국립특수교육원, 2009).

사회성은 일반적으로 말할 때 사회적 성숙을 의미하고, 교육의 중요한 목표 중 하나로 간주되는 경우가 많다. 특히 현대사회에서는 타인과 원만하게 상호작용하며 살아가는 능력이 인지 능력 못지않게 개인의 삶에 중요한 영향을 주게 되는 경우가 많다.

표 1 관점에 따른 사회성의 정의

동물학적 관점	사회성은 진화론적 견해를 의미한다. 사회성은 환경에 적합한 행동을 나타내는 적응과정이다. 인간은 생존을 위해 다양한 상황의 환경에 적합한 행동을 함으로써 환경에 적응해 나가는 능력을 발달시킨다.
성격구조론적 관점	사회성을 여러 가지 분리된 인성적 구조요인의 부가적 결과로 본다. 성격구조 등 긍정적인 성격특성을 가진 사람은 사회성이 높다고 본다.
사회적 상호작용의 관점	사회성을 다른 사람과 효과적이고 만족스러운 상호작용을 하는 능력으로 정의한다. 이에는 타인의 역할을 수용할 수 있는 능력, 상황에 적절한 기술이나 묘안을 사용할 수 있는 능력이 포함된다.

그렇다면 아이들은 이러한 사회적 관계를 어떻게 만들어 가는 걸까? 사회 관계를 형성시켜 가는 과정은 근접이론, 유사성 이론, 지위성 이론, 호혜성 이론 등으로 설명할 수 있다.

근접이론	접근에 의해 상호작용의 기회가 증가할수록 호감이 더 일어난다. (예: 이웃에 살거나, 옆자리에 앉거나, 같은 교회나 학원에 다니는 등의 물리적 접근 조건에 의해 친구관계가 성립)
유사성 이론	성격, 태도, 능력, 취미 등 특성이 자기와 비슷하면 그 사람에게 매력을 갖게 되어 서로 사회성 발달이 성립된다. 특히 성격과 태도의 유사성이 대인 매력의 원천으로 중요시된다. 유사성의 하위 요인으로는 연령, 자아개념, 지능, 인기도, 매력, 사회계급, 출생순위, 형제 수 등을 들 수 있다.
지위성 이론	유능성 또는 위이를 나타내는 것으로 자신보다 좀 더 높은 지위나 조건을 지닌 사람에게 매력을 느끼는 것이다.
호혜성 이론	내게 도움이 되는 사람, 힘이 되어 주는 사람을 선호하는 경향을 말한다. 이는 특히 아동들에게 친구를 선택하는 비중 높은 선호요인이다.

2) '사회적 관계에 어려움을 겪는다'는 것의 의미는 무엇일까?

"우리 아이가 친구들이랑 잘 어울리지 못해요."
"아이가 친구랑 자꾸 싸워요."
"우리 아이는 친구들 앞에서 너무 부끄러워해요."
"친한 친구들 하고만 놀려고 하고 새로운 친구 사귀기를 어려워해요.",
"나는 친구들에게 인기가 없어요."
"친구들이 나를 싫어해요."
"단짝 친구가 다른 친구들과 다정하게 지내면 화가 나요."

사회성 문제로 상담소를 찾는 내담자들이 호소하는 내용의 요지는 무엇일까? 전문가들은 '아동의 사회성에 문제가 있다'라는 진단을 내릴 때에 보통 다음의 두 가지를 이야기한다. 하나는 사회적 능력(social competence)의 결함이고, 다른 하나는 사회적 기술(social skills)의 부족이다.

Mcfall(1982)에 따르면 사회적 능력(social competence)은 어떤 과제의 전반적인 수행에 대한 질 혹은 적정성을 말하는 것으로 전반적인 평가를 의미하고, 사회적 기술(social skills)이란 과제를 제대로 수행하는 데 요구되는 구체적인 능력, 즉 행동을 말한다.

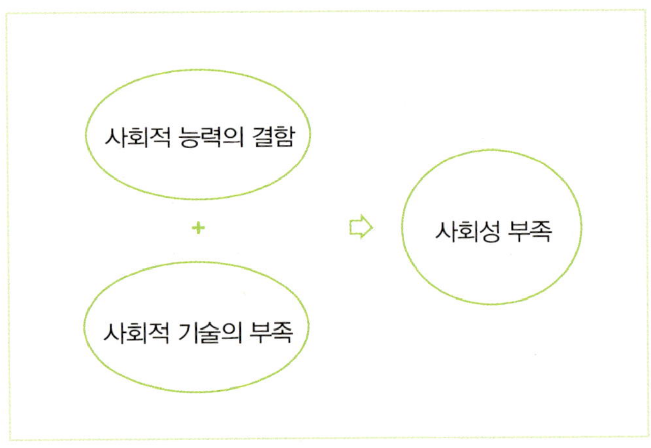

Gresham과 Elliott(1990)는 이 개념에 적응행동(adaptive behavior)이라는 개념을 추가하여 사회적 유능감과 사회기술, 적응행동의 구성요소 및 상호 관계를 설명하였다. 여기서 사회기술에는 대인관계 행동들, 자신 관련 행동들, 학업 관련 기술들, 자기주장 행동, 또래 수용, 의사소통 기술들이 포함되고, 적응행동에는 독립적 기능, 신체 발달, 자기 지시, 개인적 책임, 경제-직업 활동, 기능적 학습 기술이 포함된다.

사회적 능력은 한 개인의 정서 상태와도 밀접한 관련이 있어서 안전한 관계성의 토대 위에 사회-인지적 능력을 개발시키고, 내담 아동이 한 개인으

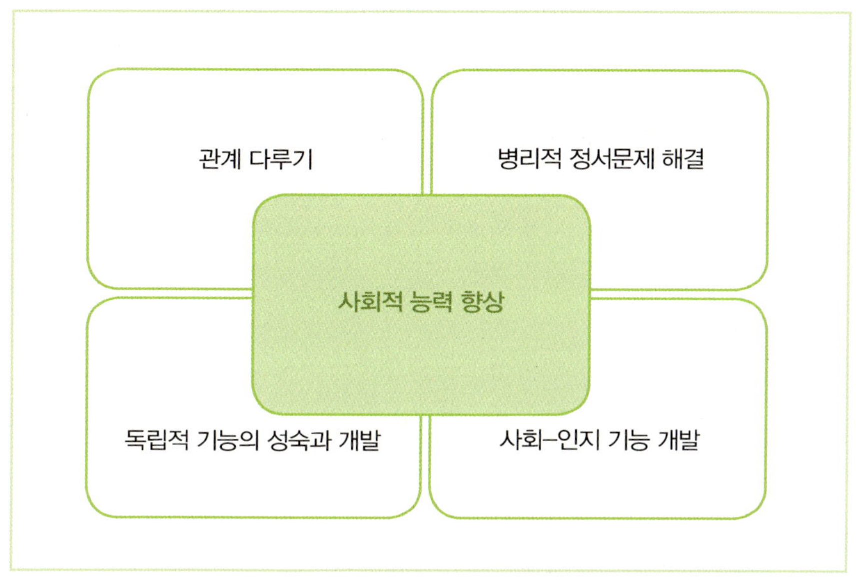

로서 건강한 기능을 독립적으로 감당할 수 있는 인지-정서적인 힘을 키워야 하는 것이다. 따라서 단기적인 상담 프로그램보다는 개별적인 놀이치료나 상담을 통해 중·장기적으로 성장·성숙시킬 수 있다. 이때 아동의 사회성 문제에 영향을 주고 있는 정신병리적 문제(우울, 공격성, 불안)나 애착이나 관계의 문제가 함께 다뤄진다.

반면 사회적 기술들은 구체적인 훈련(Social Skills Training)을 통해 향상시킬 수 있다. Gresham과 Elliott(1991)의 사회기술 평정 체계(Social Skills Rating System; SSRS)에 근거하여 임상현장에서 주로 다루는 사회기술들을 유목화해 보면 다음과 같다.

기술 영역	하위 영역
협력(cooperation)	학습 및 놀이기술
	교실 내 상호작용 기술
자기주장(assertion)	대화기술
	참여 및 봉사기술
책임(responsibility)	책임과 관련된 기술
공감(empathy)	긍정적으로 대하는 기술
	능동적 경청기술
자기통제(self-control)	갈등 해결기술
	분노 조절기술

3) 일반적인 사회성의 발달과정과 전문적 개입이 필요한 사회적 문제

(1) 유아기

① 또래관계의 시작

만 3세에서 5세경이 되면 아동들은 자기중심적 사고 영역에서 점차 벗어나 다른 사람들과 함께 어떻게 관계를 맺고 유지하는가를 배우기 시작한다. 또래와 친구들에게 관심을 갖기 시작하는 시기도 이때이다. Rubin(1990)에 의하면 유아들은 또래집단을 통해서 사회적 기술, 자기 이해, 그리고 집단

의식을 기를 수 있다고 하였다. Piaget는 또래집단 경험이 사회성 발달에 중요하다고 강조한 대표적 학자이다. 또래집단 경험은 성인과의 경험에서 제공될 수 없는 발달을 촉진시키기 때문이다. 늘 자기가 원하는 대로 맞춰 주는 어른들과 달리 또래친구들은 나의 견해와 다른 많은 관점을 갖고 있다는 것을 깨닫게 해 준다. 그리고 이러한 경험은 지적·정서적·사회적 발달에 필요한 탈중심화를 촉진하게 한다.

이 시기에 아이들은 언어기술이 폭발적으로 성장한다. 언어의 발달은 사회적 상호작용을 좀 더 명확히 정의해 주게 된다. 놀이 유형에 있어서도 많은 변화가 일어나는데 평행놀이가 감소하면서 협동놀이가 증가한다.

이 시기의 사회성은 유아들이 '다른 사람들과 함께하는 긍정적인 경험'을 '반복'함으로써 발달된다. 따라서 사회성 발달을 위하여 성인과의 관계뿐만 아니라, 또래들과 상호작용을 할 수 있는 많은 기회를 갖는 것이 중요하다.

Waters(1981)는 자신의 연구에서 사회성이 높게 측정된 유아일수록 또래와 상호작용하는 놀이에 긍정적인 경향을 나타내며, 동료와 활발히 접촉하고, 이야기 나누기에 적극 참여한다고 하였다.

평행놀이 (parallel play)	다른 아동들 틈에서 놀기는 하지만 서로 접촉하거나 간섭을 하지 않고 혼자서 노는 놀이. Parten의 사회적 놀이 발달에 따르면 평행놀이는 상대 아동과 서로 비슷한 장난감을 가지고 아동들 틈에서 놀기는 하지만 서로 간섭을 하거나 영향을 주지 않는다는 점에서 단순히 상대 옆에서 비슷한 놀이를 하는 것이라고 정의할 수 있다.
협동놀이 (cooperative play)	놀이의 공동 목표 달성을 위하여 구성원들의 역할이 분담된 조직적인 놀이. Parten의 사회적 놀이발달의 이론에 의할 때 가장 나중에 나타나는 놀이 형태. 공동 목표 달성의 조직 특성상 놀이 전체를 운영하는 리더가 존재한다. 또한 조직화된 집단 속에서 놀이를 하여야 하기 때문에 집단의 구성원으로 아동이 포함되는지는 매우 중요하다. 공동의 목표 달성을 위하여 조직 구성원 간의 역할은 상호 보완적이며 일정한 규칙이 존재한다.

유아기에 본격적인 또래관계가 시작되지만, 여전히 부모의 영향력은 다른 어느 시기보다 많은 부분을 차지하고 있다. 부모의 애정적이고 수용적이고 관용적인 양육태도는 유아기 인성 및 사회성의 바탕이 되며, 이들 스스로 수용적이고 온화한 대인관계를 맺을 수 있게 하는 토대가 된다. 따라서 이 시기의 부모들은 자녀의 행동 하나하나에 관심과 배려를 가지고 칭찬과 적절한 질책을 하여 주어야 한다. 또한 인지적·사회적 자극을 제공하여 유아 스스로가 주변 세계를 파악할 수 있도록 환경을 조성해 주어야 한다.

② 전문적 개입이 필요한 사회성 관련 문제-유아기

유아기는 앞서 기술한 것과 같이 엄마의 품에서 나와 또래관계를 시도해 보고 시작하는 시기이다. 유아들은 아직 사회적 능력이나 사회기술이 미성숙하기 때문에 또래관계 맺기에 서툴기도 하고, 관계에서 갈등이 자주 나타난다.

대부분의 경우는 정상 발달과정에서 겪게 되는 어려움이지만 다음의 경우들을 보일 때는 전문가와 상담을 통해서 보다 적극적인 개입을 할 필요가 있다.

• 또래에게 관심이 없고 혼자 놀이만 계속하는 경우

어린 연령의 유아들에게 흔히 나타날 수 있는 모습이지만, 만 3세가 지난 후에도 혼자 놀이만을 고집하고 또래와 관계를 맺지 않는다면 유의 깊게 살펴볼 필요가 있다. 먼저 발달 과업에서 지체된 곳이 없는지, 인지적인 부분은 정상 발달을 보이는지 확인해 보아야 하며, 부모 이외의 성인들과 관계를 맺는 패턴도 분석해 볼 필요가 있다. 말투, 눈 맞춤 정도, 주 양육자의 애착 패턴도 함께 체크한다.

유아기의 사회성의 특징

· 여러 친구와 어울리기 시작한다.
· 자기중심적이다.
· 놀이가 활발해지지만, 자아가 발달해 가고, 자기주장이 생긴다. 따라서 또래끼리 잘 싸우게 된다.
· 성역할에 대해 인식하기 시작한다.
· 극놀이와 집단의 놀이를 즐긴다.
· 평행놀이가 감소하고 협동놀이가 증가한다.
· 친구와 함께하는 긍정적인 경험의 반복이 중요하다.

관심 갖기	따라하기, 따라가기, 기다려 주기, 알려 주기, 이름 익히기, 칭찬하기
도와주기	다른 유아 물건 찾아 주기, 바른 자세로 앉도록 알려 주기, 다른 유아의 실수를 대신 처리해 주기, 옷 벗기 도와주기, 놀이 도와주기, 친구의 요청 들어주기, 도움 수용하기, 정보 제공으로의 도움
나누기	자유 선택 놀이시간에 장난감 나누기, 바깥놀이 시간에 장난감 나누기, 책 나누기, 주고받기, 자신의 소유물 제공하기
공감하기	타인 마음 이해하기, 위로하기, 달래기
인정하기	또래의 행동 수용, 교사 제안 잘 따름
표현하기	대화하기, 미소, 웃음 주고받기, 애정적 신체적 접촉하기, 적극적인 정서표현, 긍정적인 상호작용
제안하기	자기 의견 제안하기, 놀이 제안하기
개인적인 성향	공부하는 활동, 책읽기, 탐구하기, 적극적인 성격, 책임, 근면, 운동하기, 스스로 하기
갈등 시 전략	내가 놀고 있음을 명시(이유 제시), 대안제시, 협상, 유머 사용

출처: 임은주(2009)의 연구 中 '또래관계 형성 행동전략'에서 발췌 및 수정.

전반적인 놀이와 발달과정에 관해서 평가할 때는 반드시 전문가의 도움을 받을 필요가 있다. 흔하지는 않지만 자폐스펙트럼, 아스퍼거(Asperger) 증후군이나, 반응성 애착장애(RAD)와 같은 진단이 내려질 수도 있기 때문 이다. 발달적 문제가 없는 경우는 부모-자녀 관계나 환경적인 영향을 전문적으로 검토해 보아야 한다. 학령기 이후에도 관계에 대한 욕구와 적극성이 해결되지 않은 채 방치된다면 컴퓨터 같은 가상 세계에 지나치게 빠져든다거나, 소수의 사람과 최소한의 관계만 맺으려 하는 '은둔형 외톨이' 같은 안 좋은 예후를 보일 수 있다.

• 갈등상황 시 혹은 그 밖의 경우에도 공격적인 태도를 취하는 경우

사소한 갈등에도 해결에 대한 시도 이전에 친구를 때리거나, 소리를 지르거나, 물거나 하는 등의 행동을 반복적으로 보일 때에는 아동의 정서에 대한 정확한 진단과 원인 파악이 필요하다. 아동상담 전문가들과 함께 부모의 정신병리(우울, 히스테리 등), 부모의 양육 패턴, 발달과정에서 겪은 심리적 충격(Trauma-예: 부모의 이혼, 사고 등), 아동의 자아상, 아동의 정신병리(우울, ADHD, 불안 등) 등을 확인한다.

아동이 부모-자녀 관계 및 양육 환경에서 오는 심리적 갈등과 부담을 해결하지 못하였거나, 부모의 잘못된 양육태도로 인해 아동의 공격적 행동이 늘어나고 사회적으로 또래보다 미성숙해지는 경우도 볼 수 있다. 또한 갈등을 해결하는 방법을 환경적으로 습득하지 못한 경우라면 사회적 기술(social skills)에 대한 훈련이 필요하다.

• 경쟁 상황에 지나치게 예민한 경우

대부분의 아이들은 이기는 것을 좋아한다. 그렇기 때문에 어른들은 일부러 아이들에게 져 주기도 하고 무승부 상황을 연출하기도 한다. 하지만 지는 것을 건강하게 받아들이는 것을 배우는 것 역시 유아기 발달과업 중 하나이다.

게임이나 경주에서 졌을 때 분노가 폭발하거나, 졌을 때의 서운함을 지나치게 오랫동안 해결하지 못하여 또래와의 경생 싱황을 어렵게 만드는 아이들은 점검해 볼 필요가 있다. 경쟁 상황을 유연성 있게 받아들이는 것은 아동의 자아탄력성이나 강도와 관련이 깊다. 아동의 자아 발달에 영향을 미치는 가족 환경(부모 양육태도, 가족 환경, 형제 갈등 등)과 정서 상태를 확인해 보고 정확한 원인과 대책을 찾아볼 필요가 있다.

* 자아탄력성(ego-resiliency) or 자아강도(ego-strength)
외부의 힘을 견디는 스프링의 탄성과 같이, 인간이 스트레스 상황을 받아들이고 대처하는 데에는 자아의 탄성과 힘이 결정적인 작용을 한다.

• 관계에 있어 언어 문제를 보이는 경우

급속한 언어 발달을 보이는 유아기에는 언어능력이 또래관계에 큰 영향을 줄 수 있다. 또래보다 유창하고 세련된 언어를 사용하는 아이들은 인기가 있는 경우가 많고, 그 반대의 경우엔 매력적이지 못한 친구로 받아들여지기도 한다. 그러나 언어 사용이 적절하지 못해 또래관계에 심각한 영향을 미치는 경우도 있다.

아동의 언어가 사회성에 제약을 가져오는 경우이다. 예를 들어 낯선 친구들 앞에서 아예 말문을 닫아 버리거나(선택적 함묵), 상황에 맞지 않은 언어를 사용(과도한 주제 일탈, 지나친 비약, 과잉 반응 등)하는 경우(-ADHD의 특징 중 하나와도 관련 있을 수 있음)는 간과해서는 안 된다.

* 선택적 함묵증(selective mutism)
발성 및 발음기관이나 기능에 장애가 없음에도 특정한 상황이나 사람 앞에서 말하지 않는

아동기 불안 장애의 일종이다. 5세 이전에 발병하며 여아에게 더 흔히 나타난다.

• 또래 앞에서 지나치게 부끄러워하고 다가가지 못하는 경우

새로운 친구들을 만나면 엄마 뒤로 숨거나, 매우 수줍어하는 아이들의 경우이다. 물론 부끄럼의 정도가 아이의 컨디션이나, 또래를 만난 장소, 분위기에 따라 달라질 수 있다. 하지만 그 정도가 매번, 매우 심각하고, 이로 인한 심한 불안 증세를 보일 경우에는 전문가와의 상의가 필요하다.

먼저 부모나 가족 중에 불안 장애 증상의 사람이 있는지 체크해 보고, 혹 엄마와 떨어지는 것에 대한 두려움으로 인해, 또래와의 관계 맺기 시도 자체를 어려워하는 것은 아닌지도 점검해 보아야 한다.

* 분리 불안(separation anxiety)
부모로부터 분리되거나 또는 집에서 멀어지는 것에 대하여 나이에 부적절하게 통제하기 어려운 과잉 불안을 갖고 있는 것

전문적 개입이 필요한 유아기의 사회성 문제

· 또래에게 관심이 없고 혼자 놀이만 계속하는 경우
· 갈등 상황 시 혹은 그 밖의 경우에도 공격적인 태도를 취하는 경우
· 경쟁 상황에 지나치게 예민한 경우
· 관계에 있어 언어 문제를 보이는 경우
· 또래 앞에서 지나치게 부끄러워 하며 다가가지 못하는 경우

① 또래관계의 영향력과 중요성 증가

초등학교 시기 정도가 되면 아동들의 상호작용과 사회적 접촉의 범위는 점차 가족의 테두리에서 벗어나 또래집단으로 확장된다. 물론 여전히 가정환경 요인이 아동의 사회성에 많은 영향을 주고 있다(부모의 양육방식, 가정의 분위기, 출생 순서, 형제관계, 가족 역할 구조 등).

그러나 점차로 또래집단과의 관계는 아동의 사회성 발달에 더 큰 영향을 주고, 적합한 사회적 행동에 관한 피드백을 제공해 주게 된다. 또래들과의 사회적 관계는 수용과 안정의 중요한 요인이 되며, 아동의 자아개념과 주변세계에 대한 가치 태도를 형성하도록 작용하는 요인이 된다.

최근 연구들에 따르면 인기 있는 아동들은 고립된 아동들보다 사회성이 더 발달하였으며(사회적 성숙의 의미에서), 학급에서 사회적 수용도가 높을수록 사회성이 발달한다고 한다.

초등학교교사 역시 아동기 사회성 발달에 매우 중요한 영향을 주고 있다. 교사들은 아동들에게 지식, 기능, 태도, 규범, 가치, 생활양식 등을 가르친다. 이러한 태도와 가치관, 규범 등은 교수 활동을 통해서만 습득되는 것이 아니라 교사와 아이들의 상호작용 과정에서 은연중에 익히게 되는 것이 많다.

교사는 아동의 사회화 과정에서 사회의 가치와 규범, 그리고 생활양식을 대표하는 입장(model)에 서게 된다. 아동들의 행동에 대한 언어적-비언어적 인정, 격려, 평가는 사회 문화적 기대를 반영하게 된다. 따라서 교사들은 솔직하고 진실성 있는 태도로 아동들을 대해야 한다.

② 전문적 개입이 필요한 사회성 관련 문제-학령기

앞서 기술한 것과 같이 아동기가 되면 아동의 관계망은 유아기보다 더욱 확대된다. 부모와의 단짝관계 울타리를 완전히 벗어나게 되고 또래관계가 보다 더 확장되어 깊이 있게 되며 그 중요성도 커지게 된다. 또래관계의 중요성이 커진 만큼 사회성에 문제를 보이는 아동의 경우, 더 많은 심리적·적응적인 어려움을 겪게 된다.

부모의 입장에서도 보다 어린 시기에는 '아이가 어려서 그렇겠지~, 좀 더 크면 나아지겠지~' 하면서 막연히 지켜보다가, 막상 아이가 학교에 들어가고, 또래관계 문제가 점점 불거지게 되면 불안과 걱정이 올라오게 된다.

학령기 아동의 사회적 특징

저학년 · 소유욕과 자기 과시 욕구가 강하다.

· 이기적이며 자기중심적이고, 책임의식과 집단의식이 약하다.

· 유아기의 자기중심성이 남아 있으나, 학교에서의 조직적 생활을 통하여 자기중심 성을 탈피하고 다른 사람의 처지와 인격을 존중해야 한다는 생각을 인식하기 시작한다.

· 선악을 막연히 구별할 줄 알게 되며, 가정이나 학교생활에서 거짓말, 약속이나 규칙 등을 위반하였을 때 벌이 내려진다는 것을 느끼기 시작한다. 그러나 아직 이에 대한 죄의식을 느끼지는 못한다.

· 집단생활에서 자기중심적으로 해석하고 자기의 주장을 내세우기 때문에 싸움이 잦으며, 자기의 편의에 따라 규칙을 파기해 버리기도 한다.

· 성인으로부터 독립하려는 경향이 나타나며 성인의 인정을 받고자 하는 욕구가 강하여 칭찬받기 위한 행동만을 즐기려 한다.

중학년 · 모험심과 경쟁심이 강하고, 집단이나 갱에 대한 소속감과 사회적 지위에 대한 의식이 생긴다. 남아들의 경우 운동 기능이나 체력이 사회적 지위를 결정하는 데 중요한 역할을 한다.

· 집단의 결정에 따르며 어른의 의견보다 동료들의 의견을 중시한다.

· 집단의식이 크게 발달되어 소속감이 투철해지며, 집단적 행동을 취하는 많은 기회를 통하여 인간의 기본욕구와 생태를 체험하거나 목격하는 경우가 많아진다. 집단의 기능과 인간관계에 대한 이해도 한층 높아지며, 책임감을 지각한다.

· 동료 집단과 같은 그룹 생활에 가담하기를 즐기며, 가정, 학교생활 이외의 집단에 참가하여 협동하기를 좋아한다.

고학년 · 아동 말기에서 청년 전기에 해당하는 시기이다.

· 남을 능가하려는 욕구가 강하고 보다 세밀한 기능에 관심이 있으며, 책임의식이 증대되고, 집단에 대한 충성심이 강해진다.

· 어른의 의견보다 동료의 의견을 중시하며, 모험심이 강하고 영웅을 숭배한다.

· 흥미에 있어 성 차가 일어나며 이성에 대한 대립의식이 증대된다.

· 학교의 상급생으로서의 입장을 지각하게 되어 학급 내의 문제뿐만 아니라 학년, 학교, 지역사회, 나아가 국가 사회의 문제까지 관심을 지고 여러 집단 활동에 보다 폭넓게 참여하고자 하는 경향이 나타난다.

· 저·중학년에 비해 자발적으로 계획하고 자치적으로 실천하려는 자주성이 두드러지게 나타난다.

· '우리' 의식이 강해지기 시작하면서 집단생활의 공동목표를 향해 행동하며, 이러한 경험을 통해 협동심이 발달하게 된다.

· 사회에 대한 관심은 외면적 형식적인 것에서 내면적·정신적인 면으로 향하고, 봉사와 희생정신이 강해지며, 일상생활에서 실천해 보려고 노력한다.

아동의 사회성에 있어서 다음과 같은 문제들이 발견될 경우에는 아동이나 부모에게 (상담이 필요한) 정서적인 문제가 있을 수 있고, 부모의 양육태도에 대한 적극적인 교육과 개입이 필요할 수 있으므로 아동상담 기관의 도움을 받아 전문적으로 문제를 해결해야 한다. 유아기 때부터 보인 문제를 간과한 경우라면 앞 장에 기술한 유아기 사회성 관련 문제를 해결하지 않았을 가능성이 크고, 추가적으로 여기에 다른 문제들이 복합적 원인으로 작용되었을 수 있다.

- 낯선 장소나 새로운 친구 사귀기에 어려움을 호소하는 경우와 또래 관계에 대해 지나치게 걱정하는 경우

새로운 장소에 대한 불안이 많은 아이들은 새 학년이나 학기 초가 되면 보통 아이들보다 적응에 더 많은 어려움을 보인다. 어떤 학부모의 경우에는 아이의 낯선 곳에 대한 예민함 때문에 남들 다 보내는 학원 하나 보내기도 너무 어렵다고 호소한다. 또 어떤 아이들은 '내가 한 행동이나 말 때문에 친구가 기분 상하지 않았을까'에 지나치게 걱정하고, 이로 인해 의기소침해지거나 우울해지는 등 감정 변화를 보이기도 한다. 대부분 이런 경우에는 '일반화된 불안장애'와 연관 지어 볼 수 있는데, 보다 정확한 진단을 위해서는 전문상담기관에 내방할 필요가 있다.

이러한 아이들은 가족(부모나 친척) 중에도 비슷한 성향을 지닌 사람이 있는 경우가 많다. "쓸데없는 걱정 많이 하는 건 꼭 자기 아빠랑 똑같아요~"라고 말하는 어머니를 상담소에서는 흔히 볼 수 있다.

＊일반화된 불안장애

이 장애를 가진 아동들은 일상적인 문제들에 관해 비현실적이고 지나친 걱정을 하고, 자신들이 두려워하는 것을 통제할 수가 없다.

이 아동들의 불안과 걱정은 휴식이 없고 벼랑 끝에 서 있는 듯한 감정, 쉽게 피곤을 느낌, 집중하기가 어렵고 마음이 공허함, 과민성, 근육긴장, 수면 방해(잠들거나 계속 잠자기 어려운 것, 만족스럽게 잠자지 못하는 것)로 나타난다.

- '자기소개'나 '발표'와 같이 또래 앞에 나서는 것을 지나치게 두려워하는 경우

어떤 아이들은 친구들 앞에서 자기소개하는 것이 너무나 걱정되어서 학교까지 가기 싫어지는 경우도 있다(본 시리즈물의『등교거부 아이 달래기』편 참조). 친구들의 질문에 대답할 때는 목소리가 모기소리만 해진다. 한 친구가 이름을 크게 불러서 여러 친구들이 나를 쳐다보기라도 하게 되면 아동의 얼굴은 사과만큼 빨개진다. 이는 정서장애 중 사회불안과 관련된 경우라고 볼 수 있다. 가족력을 살펴볼 필요가 있으며 보다 정확한 진단을 위해 종합적인 심리검사가 필요하다.

＊사회불안(social anxiety)

한 가지 혹은 그 이상의 사회적 상황이나 활동 상황에 대한 현저하고 지속적인 두려움, 즉 개인이 친숙하지 않은 사람들이나 타인에 의해 주시되는 상황에 대한 두려움, 개인들은 자신들이 수치스럽거나 당혹스런 방식으로 행동할까 봐(또는 불안 증상을 보일까 봐) 두려워하는 장애

- 거친 행동과 언어가 몸에 배어서 이미 또래와 교사에 낙인이 찍힌 경우

공격적이고 거친 행동을 일삼으며, 상대방을 상처 주거나 배려하지 않는 언어와 욕설 사용 등 공격성에 문제를 보이는 아동들은 또래관계, 그리

고 교사나 기타 성인들과의 관계에서도 어려움을 겪을 수밖에 없다(본 시리즈물의『공격적인 아이 이해하기』편 참조). 이런 아이들의 경우, 초등학교 저학년 정도에 이미 주변 학부모들이나 교사, 또래들에게 낙인이 찍히는 경우가 많고, 공격성 이외에도 정서적인 문제들을 함께 갖고 있기도 하여, 부모의 양육태도와 정신병리에 문제가 있는 경우가 많으므로 반드시 전문적인 상담을 받아야 한다.

* 품행장애(conduct disorder)
아동 및 청소년이 지속적·반복적으로 타인의 기본 권리를 침해하거나 사회적 규범이나 규율을 위반하는 반사회적 행위 혹은 일탈행위를 일컬음.
반사회적 행동은 가정과 학교, 지역사회를 포함한 다방면에서 일어나며, 타인을 위협하는 행위, 사람 또는 동물에 대한 잔인한 행동, 거짓말, 절도, 폭행까지 광범위하게 규칙을 위반함.

• 감정 변화가 심하고 또래 간의 규칙이나 약속을 지키지 못하는 경우

쉽게 흥분하거나 의기소침해지고, 갑작스럽게 화를 내는 등 감정 변화가 심하면서, 또래 간 혹은 사회적인 규칙을 지키지 못하며, 순간적이고 자기중심적인 주장을 자주 하여서 또래관계에 어려움을 겪는 아동들이 있다. 이런 아동들은 교사 혹은 또래들의 주의나 제안을 이해하고 받아들이겠다고 하지만, 비슷한 상황이 되면 또다시 같은 모습을 보이는 경우가 많다. 주의력결핍과잉행동장애(ADHD)과 관련되어 있을 수 있으므로 심리검사 battery를 실시하고, 정확한 진단 후 상담을 진행할 필요가 있다.

* 주의력결핍과잉행동장애(ADHD)
주의산만, 과잉행동, 충동성 세 가지 임상적 특징을 위주로 초기 아동(7세 이전)에게 발병하여, 만성 결과를 밟으며, 여러 기능 영역(가정·학교·사회)에 지장을 초래하는 매우 중요한 질병이다.

- 또래 간의 일들이나 일상의 사소한 결정까지 엄마에게 의존하는 경우

부모와의 단짝관계에서 벗어나지 못하고 또래끼리 해결해야 하는 일들이나 일상의 사소한 문제들을 지나치게 부모 의존적으로 해결하며, 스스로 문제를 해결하려는 의지와 자주성이 부족한 아동들이 있다. 이런 아이들은 이 시기의 아동들에게 매력적이지 않을뿐더러 거부되거나 배척될 수 있는 소인을 가지고 있다. 또한 관계를 스스로 해결해 본 경험이 적기 때문에 사회적 기술(관계를 시작하기, 적절한 자기주장, 갈등에 대처하기 등) 역시 부족한 경우가 많다. 아동에 대한 치료적 개입뿐만 아니라 부모에 대한 교육과 상담 역시 필요한 경우이다.

* 부모의 과잉보호

과잉 통제하는 부모의 자녀들은 불안정한 정서를 보이고 또래사회에 대한 낮은 적응력을 보인다. 스스로 문제를 해결한 경험이 적기 때문에 자주성이 부족하고, 의존적이며, 적극성과 감정 조절 능력 역시 부족하다.

전문적 개입이 필요한 학령기 사회성 문제

- 낯선 장소나 새로운 친구 사귀기에 어려움을 호소하는 경우와 또래 관계에 대해 지나치게 걱정하는 경우
- '자기 소개'나 '발표'와 같이 또래 앞에 나서는 것을 지나치게 두려워하는 경우
- 거친 행동과 언어가 배어서 이미 또래와 교사에 낙인이 찍힌 경우
- 감정변화가 심하고 또래 간의 규칙이나 약속을 지키지 못하는 경우
- 또래간의 일들이나 일상의 사소한 결정까지 엄마에게 의존하는 경우

(3) 청소년기

① 사회적 성향의 발달

아동기를 지나 청소년기가 되면 본격적으로 사회적 성향이 발달하게 된다. 제2의 탄생이라 일컫는 사춘기를 지나면서 자아정체감과 사회성 발달이 급격히 이루어진다. 이 시기가 되면 자신에 대한 의식과 타인에 대한 의식이 조화를 이루게 되어 좀 더 구조화되고 통합된 또래집단을 형성하고, 이는 우정과 기쁨뿐 아니라 정서적 지원과 이해를 제공하여 주는 수단이 된다. 타인의 욕구와 감정을 고려하는 인지적 기술을 획득하게 되어 '우정'을 통하여 자신을 표현하고 타인을 이해한다.

청소년기의 또래집단 형성은 성인기 사회집단 형성을 위한 기초가 되기 때문에 더욱 중요하다. 청소년들은 또래집단 구조와 집단 내에서 자신의 위치를 평가하는 기술을 학습하는 동시에, 집단 동일시의 결과에 대한 통찰을 획득한다. 이렇게 또래관계 속에서 습득한 사회기술은 성인이 되어 집단구성원으로 역할을 수행할 때 필수적인 요소가 된다.

② 전문적 개입이 필요한 사회성 관련 문제-청소년기

유아기나 아동기와 마찬가지로 청소년기 역시 사회성과 관련하여 어려움을 호소하는 경우가 있다. 물론 어떤 발달 시기이든지, 그리고 어느 누구에게나 대인관계는 쉽지 않은 문제다.

그러나 특히 청소년 시기는 그 어떤 때보다 또래관계에 예민하게 되고, 대부분의 청소년들이 가장 공을 들이면서도 힘들어하게 되는 일 중의 하나가

바로 또래관계이다. 그러나 많은 경우 어려움을 겪고 있는 자기 자신과 또래들의 내적 성장과정에서 자연스럽게 해결하게 된다. 다음과 같은 경우에는 전문가의 도움을 받기를 권고한다.

- 매사에 자신감이 없고 또래관계에서 오는 스트레스로 정서 기복이 심한 경우

우울은 청소년기의 심리적 부적응 가운데 가장 보편적인 것인데, 청소년의 지각, 판단, 기억, 인지, 사고, 태도 등에서부터 대인관계에 이르기까지 광범위한 부분에 좋지 않은 영향을 미친다. 우울한 청소년들은 자기 참조적이고 부정적인 생각을 하며, 또래들의 행동이나 말, 주어진 환경에 대한 정보를 부정적으로 처리하는 경향(긍정적인 정보는 배제해 버리고 부정적 정보를 과장하는 지각편파)이 있어서 사회적 관계를 맺는 데 어려움을 갖게 할 수 있다. 또한 정서적 표현이 없고 기분이 저하되어 사회적 관계 맺기 자체에 무기력을 느낄 수 있고, 기분의 저조가 더욱 심해지면 자기 무능력감, 열등의식 등으로 인해 또래와의 관계가 어려워질 수 있다.

* 우울 장애
의욕 저하와 우울감을 주요 증상으로 하여 다양한 인지 및 정신 신체적 증상을 일으켜 일상 기능의 저하를 가져오는 질환. 일시적인 우울감과는 다르며 개인적인 약함의 표현이거나 의지로 없앨 수 있는 것이 아니므로 반드시 전문가의 상담과 치료가 필요하다.

- 반항적인 행동을 일삼고 또래관계에서도 지나치게 거친 행동과 언어를 사용하며, 또래들을 괴롭히는 경우

아동기에서부터 행동문제를 보였다면 보다 유심히 다뤄질 필요가 있다.

청소년기는 호르몬의 영향과 사춘기의 발달 특성상 평범한 아동들도 반
항심이 커지고 다소 거칠어지며 예민해질 수 있다.

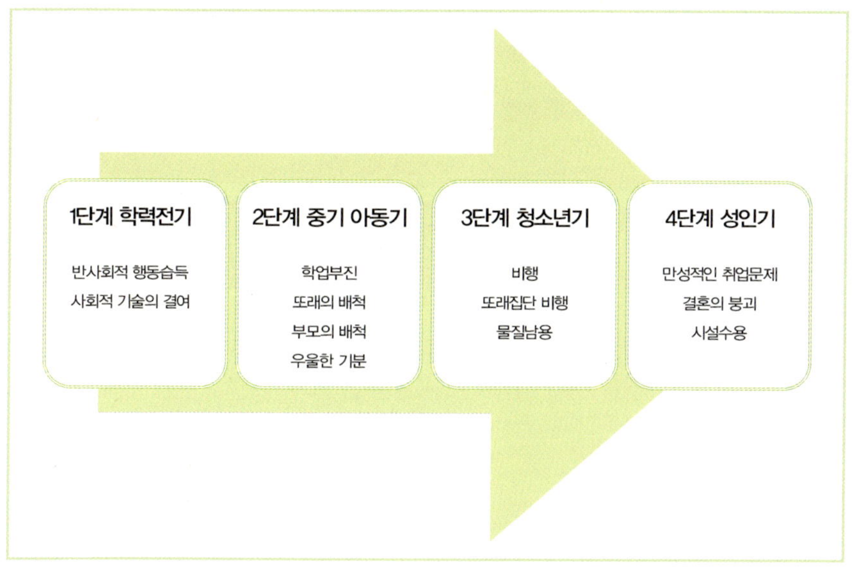

Patterson의 품행장애 모델

하지만 정도가 지나쳐 부모나 교사와 같은 성인들에게 반항을 일삼고, 또
래를 괴롭히는 수준의 아동들이라면 공격성을 해결하고 친사회적인 능력과
기술을 증진시키는 데 보다 적극적인 개입을 할 필요가 있다.

• 친구에 대한 지나친 집착으로 상대방에게 부담을 주는 경우
청소년기가 되면 또래관계가 확장될 뿐 아니라 한 명 한 명과의 1:1의 관계가
질적으로 깊어지는 시기이다. 과일 열매에 비유하자면 열매의 수가 풍성하고

많아지기도 하지만, 과일 고유의 맛도 배이고 깊이 있게 무르익는 시기이다. 이때 병리적인 수준으로 관계에 집착하거나, 친구의 언어나 행동에 과도하게 영향을 받고, 자신에 대한 지나친 관심과 애정을 요구한다면, 전문적인 상담과 개입이 필요하다.

이 경우는 제3자 혹은 가깝지 않은 또래들이 보면 또래관계나 사회성에 문제가 없어 보일 수도 있으므로 보다 세심한 관찰이 필요하다. 전문적인 개입 없이 성인이 되었을 때 성격장애 같은 병리적인 문제로 발전할 수 있다.

• 왕따 경험이 있는 경우

또래들로부터의 따돌림 경험으로 자존감 및 자신감 저하, 우울, 불안 등과 같은 증세를 보인다면 반드시 전문적인 상담을 거쳐야 한다. 이를 통해 정서적인 문제 해결뿐 아니라, 사회적 기술이나 개인적 능력을 신장시키는 경험을 해야 한다는 말이다. 이는 앞서 기술한 것과 같이 왕따 경험이 있는 아동들의 정서적 문제들이 방치될 경우 이 아동이 다른 아동을 또다시 왕따시키거나 괴롭히게 되는 가해자가 될 가능성이 크고, 내제된 정서문제가 보다 심각한 병리로 악화될 가능성이 있기 때문이다. 왕따 경험 혹은 또래관계에서 거부된 비인기 아동들은 위축, 반항, 공격성, 성인 의존성, 놀리는 행동들을 보인다(정문자·안진석, 1982). 또한 또래집단에서 사회관계에 실패한 경험이 축적되면서 불안이나 외로움, 우울함 같은 정서적 병리가 나타날 수 있다(이은미, 1995).

- 이성친구와 있을 때 더 편하고, 동성친구에게 매력을 느끼는 경우

사회적 역할 수행에 있어서 우선되는 것 중에 하나가 바로 성역할 정체감이다. 성역할 정체감(sex-role identity)이란 성역할과 관련되어 사회가 적절하다고 인정하는 특성, 태도, 흥미와 동일시하는 과정으로 성에 따른 사회의 역할 기대를 내면화하는 과정을 말한다. 성역할을 습득하는 데 있어 정상적인 수준의 갈등과 긴장은 성인이 되고 성숙되면서 자연스럽게 해결되지만, 이 과정에서 극심한 혼동을 느끼고 극소수의 경우이지만 자신의 성을 부정하는 경우가 생기기 시작하는 때도 바로 청소년기이다. 이런 경우 이성친구보다 동성친구에게 더 매력을 느끼게 되기도 하며 이 과정에서 혼란이 더욱 가중될 수 있다.

이때에 청소년 당사자 혼자서 해결하려 하거나, 부모나 교사가 아동의 상태를 일시적인 현상으로 가벼이 여기고 넘어가기보다는 전문가와의 상담을 통해 정확한 원인 파악과 최상의 해결책으로 문제를 풀어 나갈 필요가 있다.

병리적인 수준에 이르면 성 정체감 장애로 진단받을 수도 있다. 이런 아이들이라면 아동기에 이미 자신에게 부여된 성에 대한 불행감을 느끼고 있었으며, 반대의 성이 되고자 하는 소망이 일상적 활동을 방해하고 있었을 것이다. 아동 후기에는 나이에 적절한 동성 또래와의 관계 및 사회적 기술의 실패로 인해 고립과 고통을 겪었을 수 있고, 이미 결정된 성에 맞는 옷차림을 해야 한다는 고통과 압력으로 인해 학교 가기를 거부하는 경우도 생겼을 것이다. 이러한 히스토리를 경험한 아동이라면 청소년기에 이르러서는 반대의 성이 되고자 하는 욕구가 일상생활을 방해하고 또래, 대인관계나 학교에서의 기능에 장해를 초래할 수 있다(최정윤 외, 2000).

A. 강하고 지속적인 반대 성과의 성적 동일시(반대 성이 된다면 인게 될 문학적 이득을 단순히 갈망하는 정도여서는 안 된다)

아동의 경우(4가지 이상)

① 반복적으로 반대 성이 되기를 소망함.

② 남아는 옷 바꿔 입기 또는 여성 복장 흉내 내기를 좋아함. 여아는 오로지 인습적인 남성 복장만을 고집

③ 놀이에서 강력하고 지속적인 반대 성역할에 대한 선호 혹은 반대 성이라고 믿는 지속적인 환상

④ 반대 성의 인습적인 놀이와 오락에 참여하기를 간절히 원함.

⑤ 반대 성의 놀이 친구에 대한 강한 편애

청소년과 성인의 경우

반대 성이 되고 싶다는 욕구의 표현, 빈번히 반대 성으로 행세하는 것, 반대 성으로 살거나 취급받고자 하는 소망, 그리고 반대 성의 전형적인 느낌과 반응을 자신이 갖고 있다는 확신과 같은 증상들이 나타난다.

B. 자신의 성에 대한 지속적인 불쾌감 또는 자신의 성역할에 대한 부적절한 느낌

아동의 경우

남아: 자신의 음경 혹은 고환을 혐오하거나 그것이 사라질 것을 주장, 음경을 가지지 않은 것이 더 낫다는 주장, 난폭하고 거친 놀이에 대한 혐오, 전형적인 소년 전용의 장난감, 오락, 활동을 거부함.

여아: 앉은 자세에서 소변보기를 거부, 음경이 있다고 혹은 갖게 될 것이라고 주장, 유방이 커지는 것이나 월경을 원하지 않는다고 주장, 일상적인 여성 복장에 대한 강한 혐오감을 나타냄.

청소년과 성인의 경우

제1차 성징과 2차 성징을 없애려는 집착(예: 반대 성을 자극할 목적으로 신체적으로 성적 특징을 변화시키고자 호르몬, 외과적 수술 혹은 기타의 치료법을 요구) 또는 잘못된 성으로 태어났다고 믿는 등의 증상이 나타남.

C. 이 장애가 신체적 양성(중성 혹은 간성) 상태에 동반되지 않는다.

D. 이 장애가 임상적으로 심각한 고통이나, 사회적·직업적 혹은 다른 중요한 기능영역에서 심한 장애를 일으킨다.

전문적 개입이 필요한 청소년기 사회성 문제

· 매사에 자신감이 없고 또래관계에서 오는 스트레스로 정서 기복이 심한 경우
· 반항적인 행동을 일삼고 또래관계에서도 지나치게 거친 행동과 언어를
  사용하며, 또래들을 괴롭히는 경우
· 친구에 대한 지나친 집착으로 상대방에게 부담을 주는 경우
· 왕따 경험이 있는 경우
· 이성친구와 있을 때 더 편하고, 동성친구에게 매력을 느끼는 경우

Tip 초기 청소년기 습득해야 할 사회기술

① 친한 사이일수록 이것만은 꼭 지켜라.

· 어떤 일을 하기에 앞서 반드시 상대의 의견을 묻는다.

친한 친구라고 해서 무슨 일이든 함께 해야 하는 것은 아니다. 하고 싶은 일이나 해야 할 일은 각자가 다를 수 있다. 시험이 끝난 날 나는 영화를 보고 싶지만 친구는 집에서 그동안 못 잔 잠을 자고 싶을 수도 있다.

· 아주 잠깐이라도 상대의 물건을 빌려야 할 경우에는 먼저 허락을 구한다.

아무리 짧은 시간이라도, 아무리 작은 물건이라도 다른 사람이 자신의 물건에 손대는 것을 싫어할 수 있다. '수정펜 잠깐 한 번 쓰는 건데 뭐라고 나는 대수롭지 않을 수 있지만 반복되는 사소한 실수는 상대를 불쾌하게 할 수도 있는 일이다.

· 좋은 뜻에서 상대의 별명이나 별칭을 부를 때라도 상대가 그 이름을 긍정 또는 부정적으로 받아들이는가를 살펴야 한다. 이 친구는 정말 착하니깐, 다른 친구에게 "얘는 진~짜 착한 애야"라고 말하는 것이 무슨 문제가 되냐고? 그 친구는 '자신이 착한 것에 대한 콤플렉스'가 있을 수도 있다. 늘 거절하지 못하고, 내키지 않은 일도 웃으며 하고, 남의 일을 돕느라 나는 녹초가 되는 자신의 성격이 늘 불만일 수 있다.

· 친한 친구이기 때문에 반드시 나와 같은 생각을 하거나 나의 편을 들어 주어야 한다는 생각을
 버린다.
 아무리 친한 사이라도 생각과 의견이 다를 수 있다.

② 이기고 지는 것을 정정당당하게 받아들여라.

· 이기고 지는 것이 결정되는 모든 일에는 정정당당한 스포츠맨십이 필요하다.

· 이기는 것은 분명한 목표이다. 그렇지만 당당하지 못한 수단을 사용하여서는 안 된다.
 속임수나 편법은 기쁨을 주지 못하기 때문이다. 진정한 승리의 기쁨을 맛보고 싶다면 열심히
 연습하고 최선을 다해야 한다.

· 당신이 이겼다면 진 사람의 마음을 헤아려 보아라.
 진 사람과 더 좋은 관계를 만들 수 있을 때 진정한 스포츠맨십이 발휘되는 것이다.

· 졌을 때에도 자신의 패배를 인정하고 상대의 승리를 축하해 줄 수 있어야 한다.
 패배를 받아들일 수 있을 때 평온한 마음을 유지할 수 있다.

· 승패의 결과를 다른 상황에까지 연결시켜서는 안 된다.
 하나의 시합이나 경기에서 이기고 진 결과로 다른 상황의 일들을 판단해서는 안 된다.
 영원한 승자와 패자는 없다. 모든 일에 대한 승자, 모든 일에 대한 패자도 없다.

③ 대화의 기술

· 말을 많이, 잘하는 것보다 잘 들어주는 것이 더 중요하다.

· 상대의 말을 끝까지 잘 듣고, 듣는 중간에는 말을 잘 듣고 있다는 신호를 보내 준다.
 눈을 그윽하게 맞춘다거나, 고개를 끄덕여 주고, "그래서?", "아~", "맞아, 그렇지~" 등의 말들을
 적당히 해 준다.

· 동문서답은 금물! 상대가 말한 내용과 관련된 주제의 답을 한다.

· 대화의 순서를 지켜라! 듣고, 말하고, 듣고, 말하는 것이 순서이자 패턴이다.

· 대화 중에 화제를 바꾸고 싶다면, 친구가 말을 다 마치기를 기다렸다가 다른 주제로 전환해라.

· "미안해", "고마워" 두 단어는 절대 손해 보지 않는 단어이다. 아끼지 마라.

④ NO! 남의 탓!

· 잘못되면 모두 남의 탓을 하는 입술의 습관은 과감히 버리자.

· 현재의 잘못된 결과보다는, 왜 이런 결과가 일어났는지 그 원인을 먼저 찾아보자.

· 자신의 원인(나로 인한 원인)이 무엇인지 먼저 찾는다.

· 원인이 찾아지면 자책하지 말고, 나의 실수나 잘못은 노력하면 바꿀 수 있다고 긍정적으로
  받아들이자.

· 나에게는 잘못된 결과를 바꿀 수 있는 충분한 능력이 있다고 생각한다. 나 자신을 믿어라.

⑤ 복수는 가장 미련한 것

· 복수심을 버리고 화해를 선택하는 데는 몇 가지 기술이 필요하다.

· 먼저 화를 멈추고, 침착한 마음을 갖는다.

· 친구의 서운한 행동에는 그럴 만한 이유가 있을 거라 생각하고, 먼저 그 이유를 파악한다.

· 친구의 입장이 되어 본다.

· 친구에 대한 나의 마음을 정리해 본다. 화난 마음보다는 서로가 어떤 친구였는가에 초점을 두어
  생각해 보자.

· 친구에게 건넬 화해의 말을 생각해 보자.

2. 사회성에 어려움이 있는 아이들의 유형과 문제행동과의 관계

임상 현장에서는 또래들과 사회적 관계를 맺는 데 어려움을 보이는 아이들을 많이 만나게 된다. 물론 사례마다 어려움을 호소하는 형태나 원인들은 다르지만, 본 장에서는 사회적 태도에 있어서 특징적인 양상들을 유형화하여 살펴보려고 한다.

① 팝콘 유형

친구들과 함께 하는 게임시간. 형석이는 자기 차례를
기다리는 일이나 규칙을 지키는 일이 좀처럼 쉽지 않다.
불쑥불쑥 내 차례가 아닌 때에 끼어들고, 자신에게
유리하게 규칙을 바꾸기도 한다.
친구들이 엄마놀이에 한창이다. 아빠를 맡은 형규는
회사에 갔다 오고 엄마를 맡은 지연이는 요리를 한다.
아가 역할을 하는 혜연이는 강아지 역할을 맡은 준수와

장난을 친다. 현주는 한참 만들기를 하다가 역할놀이를 하고 있는 친구들의 놀이가 너무
재미있어 보인다.
"나도 끼워줄래?", "언니가 학교에서 왔어요~"라는 말이라도 하고 들어오면 좋겠다만
현주는 덥석 "내가 엄마야"라고 말한다. 엄마를 하고 있던 지연이가 화가 났다. 다른
친구들도 갑자기 끼어든 현주가 마음이 안 든다.
혜솔이는 일곱 살 남자아이다. 유치원 자유놀이시간 다른 남자친구들은 함께 자동차
길을 만들고, 블록 성을 쌓는다. 우리 반에서 가장 인기 있는 몇 개의 자동차를 차지하기
위해 남자아이들은 늘 혈안이 되어 있지만 혜솔이에게는 별로 중요하지 않다. 혜솔이에게
자동차는 그다지 매력적이지 않기 때문이다. 다툼도 없지만, 함께 즐겁게 노는 일도 많지
않다. 혜솔이가 좋아하는 악기놀이는 친구들한테 도대체 이해도 되지 않고 별로 재미있어
보이지도 않는다. 그래도 혜솔이는 악기놀이(혜솔이만의 독특한 방법)가 좋다.

이리 튀고 저리 튀는 프라이팬 속 팝콘처럼, 또래와 관계를 맺는 데 있어
어울림이 부족한 팝콘 유형의 아이들이 있다. 이 유형의 아이들은 또래에게
관심도 많고 함께 놀이하는 것을 좋아하지만 또래 그룹의 규칙을 따르거나,
자신의 차례를 기다리는 등의 행동에 약하다.

대부분의 또래들이 선호하는 것들에 매력을 못 느끼거나 혹은 자신만의
독특한 관심사를 갖고 있는 경우도 있다. 하지만 놀이성이 부족하지는 않기
때문에 자신의 흥미에 따라 나름대로 재미있게 잘 논다. 다만 또래와 함께할

수 있는 협동놀이를 많이 하지는 않는다. 다른 친구들을 배려하고 이해하는 이타심이 부족한 경우도 있다.

이러한 아이들은 Coie와 동료들(1982), Asher와 Dodge(1988)의 사회적 지위 분류체계와 비교해 볼 때 다소 공격적인 면이 있긴 하지만 비교적 사교적인 양면성 아동들과 유사한 면이 있다. 이종승(2000)의 사회성 검사의 기준으로 보면 자기 조절을 잘 하지 못하고 안정성이 부족한 반면 활동성이나 지배성은 강하다.

② 성난 고습도치 유형

일곱 살 된 저희 아들 때문에 걱정입니다. 어제도 유치원에서 블록놀이를 하다가 블록을 던져서 친구 머리에 맞았습니다. 정말 큰일 날 뻔했습니다. 저희 아들은 아주 사소한 일에도 참지 못하고 화를 잘 냅니다. 특히 친구들과 장난감을 가지고 자주 싸우는데 말보다 항상 손이 먼저 나가서 전 늘 사과하고 다니느라 힘이 듭니다.

유치원 다른 학부모들 사이에서도 정말 눈치가 보입니다. 이제 좀 커서 그런지 친구들도 저희 아이에게 말썽쟁이라고 표현합니다. 혹시 초등학교에 가서 왕따나 당하지 않을지 걱정도 되고, 친구를 때릴 때마다 야단치지만, 고쳐지지가 않아 걱정입니다.

화가 나 있고 가까이 가면 심리적·물리적으로 상처를 주는 아이는 또래 친구들도, 부모들도 어려워한다. 거칠고 공격적인 태도는 또래관계에 어려움을 호소하는 아이들의 특징적인 유형 중 하나이다. 아동들의 공격성에 관하여서는 본 시리즈의 『공격적인 아이 이해하기』를 살펴보면 도움이 될 것이다.

이 유형의 아이들은 행동 문제뿐 아니라 불안이나 우울, ADHD, 애착 문제

등 심리적인 문제들을 동반하는 경우가 많다. 때로 이러한 문제들은 공격성 문제를 일으키는 원인이 되기도 하고, 공격성 문제의 결과로 나타나기도 한다. 부모-자녀 관계에 있어서는 부모의 양육태도가 억압적이고 독재적이거나 지나치게 방임적일 경우가 많다. Coie와 동료들(1982), Asher와 Dodge(1988)의 사회적 지위 분류체계와 비교해 볼 때 공격적이고, 철수적이며 사교적이지 않거나 인지기술이 낮으며, 긍정적 사회적 행동 및 성격특성을 찾아보기 어렵고, 우정관계가 결여된 '배척 아동'들과 관련 깊다. 정범모(1971)의 연구와 비교해 보면 준법성이나 협동성, 사교성이 모두 부족한 아동의 유형으로 관련지어 볼 수 있다.

③ 부끄러운 코스모스 유형

저는 중학교 2학년 여학생입니다. 저는 학년이 바뀔 때마다 친구문제로 고민이 됩니다. 저는 친구들보다 부끄럼을 많이 탑니다. 특히 매 학기 초 자기소개 시간이 되면 저는 쥐구멍에라도 숨고 싶습니다. 얼굴이 너무나 빨개지고 무슨 말을 해야 할지 도저히 모르겠습니다. 새로운 친구가 말을 걸어올 때도 내가 무슨 대답을 하고 있는지조차 모를 정도로 당황합니다. 어렸을 때부터 친한 단짝 친구 몇 명을 빼고는 친구가 많지 않습니다. 새로 친구들을 사귀고 새롭게 관계를 만들어 가는 것은 제게 함수 문제보다 어렵습니다. 저 좀 꼭 도와주세요.

부끄러운 코스모스 유형의 아동들은 새롭거나 낯선 환경에 적응하기 어려워하고, 집단생활이나 새로운 친구와 잘 어울려 지내는 것이 힘든 아이들이다. 이런 아이들은 새 학기가 되는 것이 두려운 경우가 많다.

새 친구 사귀기, 새로운 교실과 선생님에 적응해야 하기 때문이다. 하지만 익숙하고 오래된 친구들하고는 어려움 없이 잘 지내는 특징이 있다. 이런 아이들은 대개 아주 소수의 단짝 친구 관계만을 유지한다. 우울이나 사회 불안과 같은 정서장애와 관련된 문제를 호소하는 아이들이 있을 수 있고, 또래 관계에 스트레스가 높거나 대인관계에 있어 예민할 수 있다.

특히 사회불안 장애로 인해 사회성이 부족한 아동들은 또래관계 부적응뿐 아니라 등교 거부나 은둔형 외톨이와 같은 보다 심각한 예후를 보일 수 있으므로 세심한 주의가 필요하다.

④ 아기 캥거루 유형

5학년 혜연이는 친구가 많지 않습니다. 친구들끼리의 특급 비밀을 엄마에게 이야기한 경우가 몇 번 있어서 또래들의 미움을 샀습니다. 이 일 때문에 친구들이 잘 놀아 주지 않는 것 역시 엄마가 나서서 해결하려 하여 오히려 관계가 더 나빠졌습니다.

부모의 과잉보호적 양육태도가 아동의 사회적 관계에도 영향을 준다. 아동 역시 부모에게 지나치게 의존하면서 자율성이 부족하여, 자신에게 주어진 일과 사회적 관계를 스스로 해결하지 못한다. 이런 아이들은 사회성에 있어서 마치 어미 캥거루 배 속에 들어가 있는 아기 캥거루처럼 보일 수 있다.

스스로 관계를 해결해 본 경험이 적기 때문에 사회적 기술이 미숙하고, 친구관계에 대한 지나친 부모의 개입, '아동들만의 세계에 대한 비밀 노출' 등은 또래들로부터 거부나 배척을 당할 수 있는 여지가 될 수 있다.

⑤ 부담스러운 끈끈이형

부담스러운 끈끈이형은 아동 후기 혹은 청소년기부터 나타나는 유형으로 전반적인 사회적 관계는 잘 맺어 가는 듯 보이나 단짝 친구에게 지나친 관심과 애정을 요구하거나 과도한 집착을 보여 상대방으로 하여금 부담스럽게 느끼게 하거나 더 지나치면 거부감을 주는 유형이다.

이런 유형은 초기 애착과정에서 어머니의 우울이나 정신병리로 인해 손상이 있었을 가능성이 있다.

이 관계의 문제가 해결되지 않은 채, 성장과정에서 또 다른 실패나 좌절, 또래 괴롭힘 등 환경적인 어려움을 겪게 되면 더욱 큰일이다.

이 경우 환경적 좌절 경험과 함께 우울이나 공격성 같은 동반된 다른 심리적인 장애가 방치된다면 '성격장애'와 같은 안 좋은 예후를 보일 수 있으므로 조심해야 한다.

⑥ 왕족/신하 유형

· 친구들에게 할 말을 못 하고, 하자고 하는 대로 따라만 해요. 좋아하는 인형이 있는데 친구가 달라니까 그냥 줘요. 그리고 애들이 애가 잘 주니까 물건만 받고 놀 때는

SBS 드라마 〈싸인〉(2011)

종영한 한 드라마에서는 유아기 유기 경험으로 병리적 애착문제를 가진 인물이 등장하였다. 이 인물은 성장과정 중 청소년 시기에 이성친구에게 과도한 집착과 다소 편집증적인 증상을 보였고, 성인이 되어서는 결국 연쇄살인을 저지르게 됐다.

자기네끼리 놀아요.
· 친구들을 자기 마음대로 하려고 해서 오래 놀지 못해요.
  친구들이 자기 명령대로 하지 않으면 화를 내요. 그러니까
  아이들이 자꾸 애를 빼고 놀려고 해요.

지나치게 욕심이 많고 양보하지 않으며 모든 것을
자신이 지배하고 조절(control)하려는 욕구가 있어
또래관계에 문제가 되는 아이들이 있는 반면, 매사에
자신감이 부족하고 자기주장을 하지 못해 친구들에
게 끌려 다니기만 하는 아이들이 있다. 이들 모두 사회성
문제로 상담소에 내담하는 아이들의 유형이다. 이들
은 애착 문제가 있거나 자아존중감 관련 문제를 가지
고 있고, 부모의 복종적이고 지배적인 양육태도의 영
향을 받았을 수 있다.

KBS 드라마 〈드림하이〉(2011)

2011년에 방영되었던 한 드라마
에는 혜미와 수지라는주인공이
나온다. 인터넷 검색창에 '혜미와
혜미빠'라고 검색하면 좌측과
같은 사진을 찾을 수 있다. 혜미
는, 자신감은 지나치게 넘치지만
친구들에 대한 배려는 전혀 없는
왕족과 같은 유형의 대표이다.
반면 친구 혜미에 대한 맹목적
인 헌신을 하고, 자존감이 매우 부
족하고 자기 자신의 생각이나 의
견을 전혀 주장하지 못하는 수지
(혜미빠)는 신하 유형의 전형적
인 모습으로 볼 수 있다.

⑦ 상처 입은 양 유형

· 왕따를 당한 후 혼자 있으려 해요. 친구들이 또 자기를 무시하
  고 왕따시킬까 봐 겁난대요.
  그래서 매일 엄마만 귀찮게 하는데, 엄마인 나까지 안 놀아
  주면 더 상처받을 것 같고 어떻게 해야 할지 모르겠어요.
· 학교에서 친구들로부터 배척되고 외톨이에요. 애들하고 못
  어울리고 아이들이 뭐라고 하면 상처받고 집에 와서 울어요. 전혀
  대응을 못 하는 것 같아요.

이미 또래관계로부터 물리적·심리적 상처를 경험한 아이들 혹은 지금

상처를 받고 있는 아이들의 유형이다. 다시 말해, 또래로부터 이미 왕따 경험이 있거나 현재 왕따를 당하고 있는 아동들의 경우이다.

이런 아동들은 관계에서의 위축, 자존감 저하, 우울, 불안 증상을 보일 수 있다. 또한 따돌림으로 인한 상처와 분노, 미움을 해결하지 못하면, 환경이 변화되었을 때 다른 아이를 상처 줄 수 있는(잠재적 가해자) 늑대로 변할 가능성이 있으므로 반드시 전문적인 상담을 받을 필요가 있다.

⑧ 껍질 속 달팽이 유형

·어린이집에서 혼자 놀아요. 친구들이 말을 걸어도 대답도 안 하고 재미없다고 하면서 어린이집에 가기 싫대요.
·저희 아들은 친구들과 노는 데는 관심이 없고 혼자 노는 것이 더 편하다고 합니다. 초등학교 고학년이 되면서부터는 소설책과 컴퓨터에만 빠져 살고요, 컴퓨터에서만 만나는 친구들은 그래도 꽤 있는 것 같습니다.

친구와 함께 있는 것보다 혼자가 편하고, 또래관계에 관심을 보이지 않아서 마치 껍질 속에 몸을 숨기고 홀로 걸어가고 있는 달팽이 같은 아이들의 유형이다.

사회 경험의 부족, 사회기술 부족이 원인이 되는 경우도 있지만, 기질적인 손상으로 자신만의 세계에 갇혀 있는 경우도 있다. 혼자만의 세계를 즐기는 은둔형 외톨이와도 관련될 수 있다.

유형	특징	사회적 지위 분류체계와 비교	사회성 검사와 관련성	관련된 정서 장애 (혹은 관계 문제)
팝콘 유형	또래 간의 규칙을 따르지 못하고, 독자적인 놀이 선호도를 보임. 이타심과 배려심 부족	양면성 아동의 특성과 유사한 면이 있음	자기 조절, 안정성 부족. 활동성, 지배성 강함	· ADHD · 지나치게 과잉보호된 아동
성난 고슴도치 유형	사회적 관계에 있어 신체적·언어적 공격성향이 강함.	배척아동과 관련 있음	자기 조절, 안정성 부족	· 품행장애, 성격장애, 우울, 불안 · 억압적·독재적 혹은 방임적 양육태도
부끄러운 코스모스 유형	새롭거나 낯선 환경에 적응하기 어려워하고, 집단 생활이나 새로운 친구관계 형성 어려워함. 사람들 앞에 나서기 힘듦. 소수의 단짝 친구관계 유지	무시된 아동	사교성, 활동성 부족	일반화된 불안, 사회불안, 분리불안
아기 캥거루 유형	자율성이 부족하고 의존적	무시된 아동	사교성, 자기 조절 부족	우울, 분리불안 장애, 등교거부
부담스러운 끈끈이 유형	단짝 친구에게 지나친 관심과 애정을 요구하거나 과도한 집착을 보임.	양면성 아동	자기 조절 부족	불안정 애착, 성격장애
왕족― 신하유형	자기중심적이고 관계를 지배하고 상황을 컨트롤하려 함. ―자신감이 부족하고 위축되어 있으며 자기주장을 못 함.	배척아동, 양면성 아동	지배성 강/부족, 자기 조절 강/부족	부모의 과잉보호, 조울, 자존감
상처 입은 양 유형	관계에서의 위축, 자존감 저하, 우울, 불안 증상, 분노감, 잠재적 공격성	배척아동	안정성, 활동성 부족	따돌림 경험

| 껍질 속
달팽이 유형 | 관계에 대한 욕구가
부족하고 혼자 놀이를
선호함. | 무시된 아동 | 활동성 부족 | 아스퍼거,
은둔형 외톨이 |

*사회적 지위 분류체계나 이종승(2000)의 사회성 검사는 아래의 '3. 사회성 측정도구' 참조.

3. 사회성 측정도구

사회성 측정은 다음과 같은 이유에 있어 중요하고 아동기에 꼭 필요한 일이다(안이환, 2007).

첫째, 아동들이 또래관계 속에서 갖는 사회적 지위를 평가하는 것은 아동의 미래에 대한 적응 지표가 된다. 둘째, 아동기의 또래관계와 성인기의 정신건강 간에는 밀접한 관련성이 있다. 셋째, 예방적 중재가 필요한 아동들에게 처치를 가하기 위하여 사회성 측정 자료가 필요하다. 넷째, 부적응 문제를 가지고 있는 아동 확인을 위해 필요하다. 다섯째, 아동의 초기 사회성 발달이 청소년기 비행문제 및 성인기의 사회적 부적응 문제와 매우 관련성이 높다는 경험적 연구결과들이 많아지고 있다.

이에 본 PART에서는 최근까지 개발된 다양한 사회성 측정 도구 중에서 대표적인 것들을 소개하려고 한다.

(1) 임상 및 교육 현장에서 사용되는 도구들

① 한국판 사회성숙도 검사

한국판 사회성숙도 검사는 Doll(1953)의 바이랜드 사회 성숙 척도(Vineland

Social Maturity Scale)를 김승국과 김옥기(1953)가 표준화한 것이다. 검사는 주 양육자(부모)와의 면접을 통해 시간제한 없이 실시된다.

이때 아동의 연령, 교육 정도, 일반 능력, 직업, 장애 등을 비롯한 기타 자료와 부모의 직업 및 교육 정도를 확인해 두면 추후 수집된 정보의 평가를 보다 효율적으로 할 수 있다. 또한 주 양육자의 면접 후 추가적으로 아동을 직접 관찰하는 시간을 가지면 면접 내용의 정확성을 검토할 수 있다. 종합된 점수에 의하여 사회연령(SA), 사회지수(SQ) 산출이 가능하다.

- 검사의 목적

0~30세의 유아에서 성인을 대상으로 자조, 이동, 작업, 의사소통, 자기 관리, 사회화 등과 같은 변인으로 구성되는 사회적 능력, 즉 적응행동을 평가 혹은 측정하는 것이다.

- 활용도

  - 개인의 성장 또는 변화를 측정, 개인 간의 차이를 측정
  - 부적응자, 불안정자, 정신질환자 등의 발달 정도 측정
  - 치료 성과의 측정 등

표 6 검사 유목 및 내용

유목	내용
자조	일반적 자조(self-help general), 식사(self-help eating), 용의(self-help dressing) 등 3개 영역 39문항
이동	기어 다니는 능력~혼자 다닐 수 있는 능력을 알아보는 10문항

작업	단순한 놀이~고급의 전문성을 요하는 직업에 이르는 다양한 능력을 알아보는 22문항
의사소통	동작, 음성, 문자 등을 매체로 한 수용과 표현에 관한 15문항
자기 관리	금전의 사용, 구매, 경제적 자립 준비와 지원, 기타 책임 있고 분별 있는 행동 등 독립성과 책임성에 관한 14문항
사회화	사회적 활동, 사회적 책임, 현실적 사고 등에 관한 17문항

- 검사의 장단점
  - 장점: 피검자가 검사장면에 참석하지 않아도 된다. 검사 문항을 행동 영역별로 검토함으로써 피검자의 영역별 행동 수준을 측정할 수 있고, 수량화된 점수를 통하여 종합된 적응행동 수준을 평가할 수 있어 프로그램 계획 및 효과의 측정이 용이하다. 피검자의 발달력을 용이하게 추적할 수 있어 미래의 발달을 비교적 정확하게 예측할 수 있다.
  - 단점: 대부분을 보호자 면접에 의존하기 때문에 보호자의 반응에 따라 과잉 또는 과소평가될 우려가 있다. 뇌성마비나 행동장애자의 경우 잠재 능력을 정확히 평가하기 어렵다. 단순 통계 처리에 의해 SQ가 산출되기 때문에 연령이 많아짐에 따라 사회지수의 의미가 감소될 수 있다. 각 영역별 적응행동 수준에 대한 별도의 규준이 없다.

② MESSY(Matson Evaluation of Social Skills: Matson 사회기술 평가)

MESSY는 사회적 능력 결핍 아동을 대상으로 사회성 훈련 프로그램을 실시한 후 프로그램의 효과(치료 성과)를 확인하기 위해 고안된 표준화된 척도이다. 교사 또는 부모 보고용, 아동의 자기 보고용이 있으며 아동용은 총 66문항으로 되어 있다. 전혀 그렇지 않다'에서 '매우 많이'까지 체크하는 5점 척도로서 사회적으로 촉진하는 행동과 촉진하지 않는 행동에 대해 언어/비언어적 범위 내에서 고안되었다.

검사 문항의 예

1. 깔깔대며 웃는다: 혼자 좋아서 웃거나 자극을 주었을 때 웃는다.
18. 방에서 혼자 걸어 다닌다: 걸음마 한다.
48. 가위로 종이나 천을 자른다.
49. 가까운 이웃집에 혼자 놀러 다닌다.
57. 나이가 비슷한 3~4명의 어린이들과 어울려 경쟁적이며 활동적인 놀이를 한다: 집 지키기, 술래잡기, 줄넘기, 공기놀이, 팽이치기, 돌차기 등을 한다.
66. 특수한 기술이 없어도 엄격한 규칙을 지키지 않고도 할 수 있는 협동적인 집단 놀이나 가정 또는 사회적 상황을 상상놀이한다: 빈터에서 공차기나 공치기, 개울에서 고기 잡기, 자전거 타기, 학교놀이, 병원놀이, 상점놀이 등을 한다.
79. 친구나 친척에게 짤막한 편지를 쓴다.
90. 자기가 가진 돈을 유용하게 쓴다: 돈을 쓸 데와 안 쓸 데를 가려 쓴다.
104. 일을 효과적이고 능률적으로 할 수 있는 방안을 수립한다.
105. 여가를 선용한다: 여가에 독서, 게임, 스포츠, 취미생활, 음악, 미술, 연극을 함으로써 정신적 및 신체적 건강을 도모한다.

③ 지능검사(K-WISK-Ⅲ, K-WAIS)의 활용

대부분의 아동, 청소년 상담기관에서 아동 내담자가 내방하게 되면 인지, 행동, 정서, 대인 관계 등에 대해서 알아보기 위해 전반적인 지능검사와 종합

심리검사를 통해 알아보게 된다(이를 통상적으로 심리 검사 Full-battery라 부르는데, 몸이 아파서 병원에 가면 종합 검진을 실시하는 것과 같다. 정서나 심리적인 부분에 아픈 곳이 어디인지, 그 증상이 어떻게, 무엇 때문에 나타나는지를 종합적으로 살펴보기 위해 실시한다).

이때 사용하는 검사 중 지능검사도구인 Wechsler 지능검사를 활용하여서도 아동의 사회성을 측정할 수 있다.

이 검사에서는 지능을 "개인이 목적에 맞게 활동하고 합리적으로 사고하며 자신을 둘러싼 환경을 효과적으로 처리해 나가는 종합적·총체적인 노력"이라고 정의하면서 지능에 지적 요소뿐 아니라 성격적 요소, 정서, 사회성, 운동능력, 감각 등을 포함시켜 폭넓게 개념화하였다. 총 11개의 소검사로 구성되어 있다.

이 검사에서 사회성과 관련 있는 소검사는 언어성 검사인 이해(comprehension)와 동작성 검사인 차례 맞추기(picture arrangement)이다. 이는 피검자의 사회적 능력(Social Competence)을 유추·판단하는 중요한 지표가 된다.

④ K-CBCL(한국판 아동·청소년 행동평가척도)의 활용

K-CBCL(오경자·이혜련·홍강의·하은혜, 1997)은 임상 장면이나 학교에서 아동 및 청소년의 현재 적응 수준과 주 호소 문제를 파악하기 위한 기초 자료로 쓰이는 평가 도구이다.

	주요 측정 영역
이해	· 실제적/실용적 지식의 표현(demonstration of practical knowledge) · 사회적 성숙도(social maturity) · 관습적 행동규준(conventional standards of behaviors)에 대한 지식 · 과거 경험을 평가하는 능력: 적절한 선택, 조직화, 사실들의 관련성 파악 · 추상적 사고와 일반화 능력(뒷부분의 문항들) · 사회적 판단, 일반 상식, 실제적인 사회적 상황에서의 판단능력, 사회적 환경에 대한 지각(social judgement, common sense, judgement in practical social situations) · 사회적 환경(social milieu)에 대한 지각: 사회적 규칙, 도덕, 제약에 대한 지식 · 현실자각, 이해력, 일상과 세상에 대한 기민성(reality awareness, understanding, alertness the day-to-day world)
차례 맞추기	· 계획수립능력(planning ability): 전체 상황을 이해하고 차례대로 조절하는 능력 · 결과에 대한 예상 능력(anticipation of consequences) · 시간적 연결성 및 시간 개념(temporal sequencing and time concepts) · 비언어적인 대인관계 상황(nonverbal interpersonal situation)을 정확히 이해하는 능력 · 전체 맥락과 상황을 이해하고 그 함의를 평가하는 능력 · 시각적 조직화 및 본질적인 시각적 단서의 지각능력 · 정보를 연합하고 계획하는 속도

출처: 아동용 웩슬러 지능검사 워크숍 자료집. (주)마음사랑

K-CBCL은 크게 사회능력척도(Social Competence Scale)와 문제행동 증후군 척도(Behavior Problem Scale)로 구성되어 있으며 이 중 사회능력척도를 사용하여 아동의 사회성을 평가 가능하다. 여기서 사회능력 점수는 사회성 척도와 학업수행 척도의 합을 통해 산출한다.

⑤ JTCI(The Junior Temperament and Character Inventory)의 활용

한국판 기질 및 성격검사 JTCI(오현숙·민병배, 2004)는 독일판 JTCI 검사를 근거로 원저자인 Cloninger(심리생물학성 인성모델을 주장)와의 협의하에

소척도명	내용
사회성 척도 (Social)	아동, 청소년이 다니거나 속해 있는 모임, 단체의 개수, 참가 활동 정도, 또래, 형제 부모 등 사회적 관계의 질 등을 평가
학업수행 척도 (School)	아동, 청소년의 학업 수행 정도를 국어, 수학, 사회, 과학, 영어 등 5개 과목별로 평정, 특수학급에 있었는지, 휴학 여부 평가
총 사회능력 점수 (Total Competence Scale)	사회성 척도, 학업수행 척도의 합

표 9 K-CBCL 결과의 예

K-CBCL 아동, 청소년 행동평가척도

오경자, 이혜련, 홍강의, 하은혜

번호: 014 이름: 구○○ 연령: 8세(생년월일: ○○.○○.○○)   검사일: 10.12.28 성별: 남   기록인: 어머니
전화번호:

사회능력척도
총 사회능력척도 원 점수: 7.9, %tile: 22, T점수: 42(정상범위)

구 분	raw	%tile	T	0	10	20	30	40	50	60	70	80	90	100	T
Ⅰ. 사회성	3.7	15	40												
Ⅱ. 학업수행	4.2	71	56												

개발되었다. 이는 한 개인의 기질과 성격을 구분하여 측정할 수 있어서, 피검자의 인성 발달에 영향을 미친 유전적 영향과 환경적 영향을 구분하여 이해할 수 있는 장점이 있다. JTCI 검사는 자극추구(Novelty Seeking), 위험회피(Harm Avodance), 사회적 민감성(Reward Dependence), 인내력(Persistence) 4가지 기질 차원과 자율성(Self Drectedness), 연대감(Cooperativeness), 자기초월(Self

Rranscendence)의 3가지 성격 차원으로 평가된다.

기질 차원과 성격 차원의 다양한 조합으로 내담자를 진단 가능한데, 이 중 피검사의 사회성과 가장 많이 관련된 사회적 민감성의 기질 차원과 자율성 및 연대감의 성격 차원을 간략히 소개하면 다음과 같다.

표 10 사회적 민감성(Reward Dependence: RD) 성향

- 사회적인 보상 신호에 대해 강하게 반응하는 유전적 경향성
- 사회적인 보상 신호에 의해서 이전의 보상 또는 처벌 감소와 연합되었던 행동이 유지됨.
- 두뇌의 행동 유지 시스템(Behavioral Maintenance System)과 관련됨.

RD 성향 높은 사람	· 거의 항상 남들과의 가깝고 친밀한 관계를 염원함. · 감정적인 분위기에 잘 휩싸이며, 쉽게 울곤 함. · 누군가 중요한 사람이 자신을 거절하면 민감하게 반응하며, 사소한 무례 같은 것에도 대체로 예민하게 반응하는 편임. · 사회적인 압력에 동조하며, 다른 사람들이 자기를 좋아해 주기를 원함.
RD 성향 낮은 사람	· 다른 사람들에 대한 개인적인 느낌을 신뢰하는 일이 거의 드물며, 친밀감을 느끼는 경우도 적음. · 때로 사회적인 지지를 원하거나 동정심에 이끌려 행동하기도 하지만, 그런 일은 많지 않음. · 다른 사람을 기쁘게 하기 위한 일은 거의 하지 않고, 주로 개인적인 이득을 얻기 위해서 일함.

⑥ 한국아동인성검사(K-PIC)의 활용

한국아동인성검사(Korean Personality Invevtory for Children-PIC)(1997)는 임상 장면에서 아동의 정신과적인 문제를 선별·진단하고, 학교 장면에서 심리적 도움을 요하는 아동들을 조기 발견하기 위하여 개발된 도구이다. 평가 방법은 부모가 자녀에 대해서 평정하는 부모평정법을 사용한다. 총 255문항, 16개 척도(응답의 일관성과 진실성을 측정하는 4개의 타당도 척도와 11개의

인상척도, 한 개의 자아탄력성 척도)로 구성되어 있는데, 이 중 임상척도인 사회

관계척도 점수를 아동의 사회성 평가에 활용할 수 있다.

표 11 자율성(Self Directedness)

자신이 '선택한' 목표와 가치를 이루기 위하여(자기결정력) 자신의 행동을 상황에 맞게 통제, 조절, 적응시키는
능력(의지력)으로 정의
(1) 자신의 선택에 대한 책임의 수용, (2) 목적의식과 의미 있는 목표의 추구, (3) 목표 추구행동에서의
유능감과 주도성, (4) 자신의 한계에 대한 수용과 자존감 등이 포함됨.

자율성이 높은 사람	· 성숙하고 강하며 자족적이고 책임감 있고 믿을 만한 사람으로 기술됨. · 목표 지향적이고 건설적, 대인관계에서 통솔적인 위치에 있을 때 잘 통합됨. · 자존감이 높고 자신을 신뢰함. · 자신이 선택한 목적에 맞게 자신의 행동을 조절 · 권위 있는 사람으로부터 자신의 목표나 가치와 어긋나는 명령이나 지시를 받을 때, 　그들의 명령에 따르기보다는 도전함.
자율성이 낮은 사람	· 미성숙하고 약하며 상처받기 쉽고 남을 원망하거나 비난하는 경향 · 교사나 상담가들에게 비효율적이고 책임감이 부족하고 신뢰할 만하지 않다 혹은 　미성숙하거나 성격장애를 지닌 것으로 기술됨. · 내적으로 조직화된 원칙이 부족해서 의미 있는 목표를 정의하고 설정하고 　추구하는 데 어려움을 보임. · 장기적으로 지속될 수 있는 개인적 의미와 자기실현에 이르지 못하고, 사소하고 　단기적이며 때로 상호 배타적인 다양한 동기에 따라 행동하는 경향이 있음(자신의 　목표나 가치가 아닌 외부 환경의 자극과 압력에 반응하여 행동이 이끌리는 경향을 보임).

표 12 연대감(Coope Rativeness)

자신을 '인류 혹은 사회의 통합적 한 부분'으로 이해하고 동일시하는 정도를 측정. 이 척도는 타인에 대한
수용 능력 및 타인과의 동일시 능력에서의 개인차를 측정함.

연대감이 높은 사람	· 공감적이고 관대하며 동정심이 많고 지적인 사람 · 공정하며 도덕적 원칙이 분명함. · 남을 위해 봉사하는 것을 즐거워하며 가능한 한 다른 사람에게 협력하려고 노력함. · 자신의 욕구나 선호만큼 타인의 욕구나 선호를 이해하고 존중함. · 이러한 능력은 팀워크와 조화롭고 균형 있는 관계를 이루는 데 중요한 요인이 됨. 　독자적으로 행동하기를 선호하는 사람에게는 덜 요구되는 자질임.

<table>
<tr><td rowspan="4" align="center">연대감이
낮은 사람</td></tr>
<tr><td>· 자신에 몰두해 있고 타인에게 관대하지 않으며 비판적이고 비협조적, 기회주의적임.</td></tr>
<tr><td>· 우선적으로 자신의 이익을 구하며 다른 사람의 권리나 감정에 대한 배려가 적은 경향이 있음.
· 낮은 연대감은 혼자 독자적으로 행동하는 것을 더 선호하는 사람들이 보이는 특징임.
· 이러한 특성은 또래나 동료들과 사회적 관계를 이루는 데 장애가 됨.</td></tr>
</table>

* 사회관계척도(SOC)
  - 또래관계나 어른들과의 관계 등 아동의 사회관계에서 어려움을 측정하기 위해 고안됨.
  - 또래관계에서의 소외, 리더십과 자신감의 부재, 대인관계에서의 불안이나 수줍음, 제한된 인내력과 포용력을 측정하는 21문항으로 구성
  - 이 척도의 상승은 아동이 친구를 사귀는 데 어려움이 있고 다른 아이들로부터 비난과 거부를 받고 있음을 시사함.

표 13 K-PIC 검사결과의 예

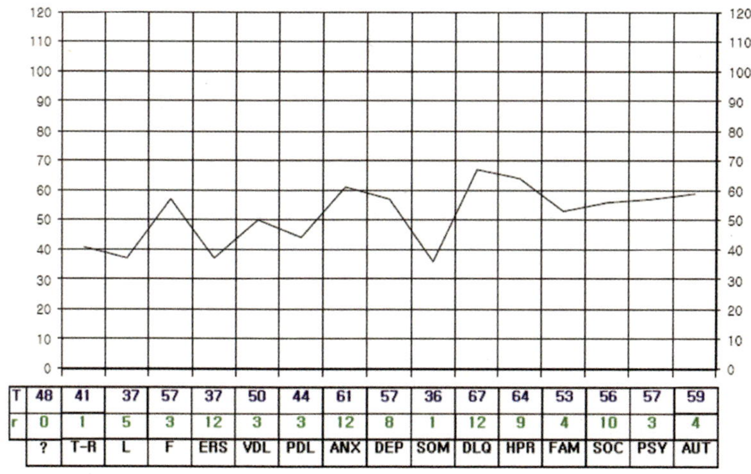

T	48	41	37	57	37	50	44	61	57	36	67	64	53	56	57	59
r	0	1	5	3	12	3	3	12	8	1	12	9	4	10	3	4
	?	T-R	L	F	ERS	VDL	PDL	ANX	DEP	SOM	DLQ	HPR	FAM	SOC	PSY	AUT

⑦ Walker-McConnell 검사: 교사평정용 사회성 검사

이 검사는 초등학생을 대상으로 사회적 능력과 적응(Walker-McConnell

Scale of Social Competence and School Adjustment)을 평가하기 위해 Walker-McConnell(1988)가 개발한 것으로 교사가 평정한다. 특히 정보수집 가능성 면에서 매우 실용적인 척도이다.

총 43개의 문항이 3개의 하위영역으로 구성되어 있으며, 하위영역 1은 교사가 선호하는 사회적 행동 16개 문항, 하위영역 2는 아동이 선호하는 사회적 행동, 하위영역 3은 학교적응행동으로 불리는 것으로 학교수업 장면에서 교사들이 선호하는 10개의 사화-행동 능력 목록 10개 문항 등으로 구성되어 있다.

표 14 하위영역별 문항 구성

하위영역	문항번호	문항 수	신뢰도
교사가 선호하는 사회적 행동	5, 9, 10, 12, 16, 18, 22, 24, 26, 28, 29, 31, 36, 37, 39, 40	16	.88
아동이 선호하는 사회적 행동	1, 2, 4, 6, 8, 11, 13, 14, 15, 17, 25, 30, 32, 34, 35, 38, 41	17	.91
학교 적응행동	3, 7, 19, 20, 21, 23, 27, 33, 42, 43	10	.89
계			.95

• Walker-McConnel 검사 용지

1. 그 아동과 함께 놀고 싶어 다른 친구들이 찾는다.	1 2 3 4 5
2. 친구들과 계속적인 관계를 갖고자 활동을 교류한다.	1 2 3 4 5
3. 자유 시간을 적절히 활용한다.	1 2 3 4 5
4. 친구들과 함께 웃고 즐긴다.	1 2 3 4 5
5. 다른 사람에게 연민의 정을 표시한다.	1 2 3 4 5

6. 다른 사람을 친구를 쉽게 사귄다.	1 2 3 4 5
7. 좋은 학습습관을 가지고 있다(조직적/효과적인 시간 활용).	1 2 3 4 5
8. 무엇인가 더 알고 싶어 질문을 한다.	1 2 3 4 5
9. 필요한 상황에서는 친구와 협상을 한다.	1 2 3 4 5
10. 자신을 괴롭히거나 무시하는 경우 화제를 바꾸거나 적절히 다른 수단을 찾는다.	1 2 3 4 5
11. 휴식시간이나 자유 시간에 친구와 적절히 상호 교류한다.	1 2 3 4 5
12. 건설적인 친구의 비판에 대하여 화내지않고 이를 수용한다.	1 2 3 4 5
13. 친구와 놀이 또는 대화를 가지면서 시간을 확장하여 사용한다.	1 2 3 4 5
14. 도움이 필요한 친구를 자발적으로 도와준다.	1 2 3 4 5
15. 동료와의 활동 시 지도력을 보인다.	1 2 3 4 5
16. 상대방의 욕구를 민감하게 파악한다.	1 2 3 4 5
17. 비공식적인 자리에서도 친구와의 대화를 이끌어 낸다.	1 2 3 4 5
18. 화난 감정을 적절히 표현한다(폭력이나 파괴 없이).	1 2 3 4 5
19. 선생님의 과제부여 지시나 설명에 주의를 기울여 듣는다.	1 2 3 4 5
20. 선생님의 질문에 답하거나 답하려고 노력한다.	1 2 3 4 5
21. 혼자서 학습하는 능력이 보인다(최소한의 교사 도움만 필요).	1 2 3 4 5
22. 상대방의 공격에 적절히 대처한다(싸움을 피하거나 자리를 뜨거나 다른 사람의 도움을 요청하거나 자신을 보호한다).	1 2 3 4 5
23. 의례적인 행동관리 기법에 적절히 대처한다(예: 칭찬, 비난, 벌).	1 2 3 4 5
24. 단체 활동이나 놀이장면에서 동료와 협동한다.	1 2 3 4 5
25. 각기 다른 친구들과 교류한다.	1 2 3 4 5
26. 친구와 적절한 신체접촉을 한다.	1 2 3 4 5
27. 도움을 요청하면 신속하게 반응한다.	1 2 3 4 5
28. 다른 사람이 이야기를 할 때 경청한다.	1 2 3 4 5

29. 자기 성질을 잘 조절한다.	1 2 3 4 5
30. 상대방의 특성에 대하여 적절히 칭찬한다(예: 외모나 가능).	1 2 3 4 5
31. 자기 방식대로 하지 않고 상대방을 수용한다.	1 2 3 4 5
32. 사회적 지각력이 있다(사회적 상황을 잘 읽는다).	1 2 3 4 5
33. 약속된 일에는 반드시 참여한다.	1 2 3 4 5
34. 쉬는 시간에 놀이나 활동을 세련되게 한다.	1 2 3 4 5
35. 친구와의 대화를 지속적으로 유지한다.	1 2 3 4 5
36. 기존의 놀이에 참여하는 것이 거절되면 적절한 방법을 찾아 참여한다.	1 2 3 4 5
37. 상대방의 감정을 세심하게 배려한다.	1 2 3 4 5
38. 대화 시 상대방과 눈을 맞춘다.	1 2 3 4 5
39. 적절한 방법으로 상대방의 관심을 유도한다.	1 2 3 4 5
40. 또래의 제안이나 도움을 수용한다.	1 2 3 4 5
41. 친구를 불러 함께 논다.	1 2 3 4 5
42. 숙제는 바로 한다.	1 2 3 4 5
43. 자기의 수준에서 인정받을 일을 한다.	1 2 3 4 5

(2) 기타 관련 척도

위에 소개된 척도들 이외에 사회성 측정을 위해 임상 현장에서는 사용하지 않지만, 아동 관련 연구들에서 자주 사용되는 방법 몇 가지를 간단히 소개하면 다음과 같다.

① 소시오메트리(sociometry)를 활용한 측정

소시오메트리는 라틴어에서 유래한 용어로 사회성 또는 동료 관계의 측정을 의미한다. 이를 이용하여서는 '집단의 성질에 대한 측정'과 동시에 '집 단의 상호작용 및 한 개인에 대한 동시적 이해'가 가능하다.

소시오메트리를 활용한 사회성 측정의 결과는 심리검사의 결과에서 나타나는 내부의 적응상태를 알려 주는 개인적 적응 수준과 차이가 있다. 이는 아동들이 아동들의 눈에 비친 한 개인에 대한 '사회적 인지' 또는 '사회적 관계'를 보여 주는 것으로 이해하는 것이 바람직하다.

사회성 측정의 양적 방법으로는 크게 동료 지명법(peer nomination), 동료 평정법(peer rating), 쌍별 비교법(paired comparison), 순위법(rank order) 등이 있으며, 질적 방법으로는 소시오그램이 있다.

여러 학자들의 검토 결과 이러한 방법으로 측정된 사회적 지위 분류방식은 비교적 안정적으로 나타났다.

Coie와 동료들(1982), Asher와 Dodge(1988)는 사회적 지위를 인기 아동(popular), 배척아동(rejected), 무시된 아동(negledted), 양면성 아동(controversial), 평범한 아동(average) 5개 유형으로 분류하고, 이 다섯 가지 유형에 의해 분류되지 않는 아동(others)을 별도의 유형으로 표시 하였다. 사회성 측정의 대부분 문헌에는 평범한 아동을 다른 아동 집단의 비교 준거로 사용하되, 독립적으로 설명·기술하지 않으므로 본서도 이러한 관점을 따르려 한다.

② 기타 연구용 척도

연구를 목적으로 사회성을 측정하는 도구들은 임상적인 도구들보다 보다 다양하게 개발되어 있다. 그중 초등학생을 대상으로 실시할 수 있는 최근의 척도 하나를 소개하면 다음과 같다. 이 척도가 측정하는 하위요인 중 활동성(Activity)은 1, 4, 7, 10, 13번 문항, 안정성(Stability)은 14, 16, 19, 22, 25번 문항, 지배성(Domination)은 2, 6, 9, 12, 17번 문항, 사교성(Sociality)은 3, 5, 8, 11, 15번 문항, 자기 조절(Self-Control)은 18, 20, 21, 23, 24번 문항이다.

표 15 아동의 사회적 지위 분류

인기아동 (popular)	· 누구나 선호하는 최고의 친구 · 또래와 상호작용에서 규칙을 잘 준수하고 학업에 열중하며 운동적인 기능이 뛰어남. · 평범한 아동에 비해 사교성(sociability)과 인지능력은 높고, 낮은 수준의 공격성과 철수를 보임. · 또래들에 대한 영향력이 높고, 파괴적 행동은 덜 하나 긍정적인 행동특성, 문제해결기술, 우정기술로 이상적인 선호인물로 보이게 됨. · 최근 연구에 의하면 가정의 사회·경제적 수준이 인기아동을 만드는 데 중요한 역할을 하고 있다고 함(인기아동이 훌륭하다 또는 선하고 착하다는 개념과 반드시 일치하는 것은 아님).
배척아동 (rejected)	· 공격적이고, 철수적이며 덜 사교적이고 인지기술이 낮은 특징을 보임. · 긍정적·사회적 행동 및 성격특성, 우정관계가 결여됨. · 또래집단에 소속되는 과정(peer group entry)을 연구한 학자들의 견해에 따르면 기다리거나 주위를 배회하다가 또래집단에 너무 빨리 소속되려 하기 때문에 높은 위험부담을 갖는 방법을 사용하게 된다고 함. 다시 말해 이들의 거친 행동이 배척을 더욱 부채질하게 됨. · 동료들로부터 낮은 평판을 받고 평범한 혹은 무시된 아동보다 더 큰 사회적 철수를 경험함. 우울과 불안이 배척을 일으키는 한 요인이 된다는 견해가 있음. 공격성, 철수, 사회적 결함이 심리적 장애를 일으키는 잠정적 선행요인이 됨.
무시된 아동 (negledted)	· 수줍음을 많이 보이고 동료들의 눈에 잘 띄지 않는 아동. 사회적 능력에 결함을 보이는 것은 아님. · 평범한 아동집단과 비교했을 때 큰 차이가 나지는 않지만, 평범한 아동들에 비해 덜 공격적이고 덜 사교적임. 성인관찰자들의 보고에 의하면 평범한 아동과 차이가 나타나지 않지만, 동료 보고, 자기 보고에 의하면 평범한 아동보다 공격성이 현저히 낮고, 사교성이 떨어짐. 따라서 사회적 지위가 낮음. 뚜렷하게 남들로부터 배척받는 경험 또한 낮음. 혼자놀이에 몰입하는 경우 많음. 동료집단에 대한 개입 수준이 낮고 이로 인해 우울감을 경험하지는 않음. 오히려 아동 후기로 갈수록 무시된 아동들은 상호 호혜성을 바탕으로 최고의 친구를 갖는 경우가 종종 있음. 적극적인 사회기술이 훈련되어야 함.

<table>
<tr><td>양면성 아동
(controversial)</td><td>· 인기아동과 배척아동의 2가지 성질을 동시에 지님. 공격적이지만 사교적이다. 양면성 아동들은 자신들의 거친 행동 때문에 친구들로부터 배척될 것이라는 사실에 직면하게 되며, 한편으로 동료들의 배척이나 배제로부터 자신들을 보호하는 완충적 작용을 갖는 성질을 지님. 이들의 공격행동은 부분적으로 갖고 있는 친사회적 행동과 인지적 기술로 균형을 잡을 것으로 보임.</td></tr>
</table>

사회성 측정 질문지

여러분이 받은 질문지는 모둠활동을 하거나 짝을 바꿀 때 또는 학교생활을 재미나게 하기 위하여 선생님이 참고 자료의 목적으로 여러분에게 질문을 하고 있습니다.

이 질문지에 대하여 솔직하게 대답해 주기 바랍니다. 이 질문지에 대한 답을 쓰는 데 마음의 부담을 갖지 마세요. 여러분의 대답을 바탕으로 선생님은 더욱 재미나는 학교생활이 되도록 여러분을 도울 것입니다. 이 질문지의 내용은 반드시 비밀로 하겠습니다.

-약속을 철저히 지키는 담임선생님

※ 주의 사항

1. 여러분이 선택하는 학생은 오늘 결석한 사람도 포함됩니다. 반드시 우리 반에 속한 사람이어야 합니다. 다른 반 사람은 안 됩니다.

2. 성과 이름을 꼭 적어 주십시오(예: 홍길동). 각 질문마다 사람 수의 제한은 없습니다.

3. 여러분이 적은 것은 반드시 비밀로 하겠습니다. 이것은 분명한 약속입니다.

4. 옆 친구와 절대로 상의하지 말고 반드시 혼자 생각해서 적어 보세요.

제(　　)학년(　　)반 / 번호(　　) 성별(　　)

질문 1에 적었던 사람을 질문 2에 적어도 아무런 상관이 없습니다.

질문 1. 우리 반에서 내가 '제일 좋아하는 친구를' 생각나는 순서대로 몇 명이든 적어 보세요.

①	②	③	④	⑤
⑥	⑦	⑧	⑨	⑩

- 이종승(2000), 사회성 질문지

번호	항목	전혀 그렇지 않다	그렇지 않다	보통 이다	그렇다	매우 그렇다
1	주위 사람들은 나를 활동적이라고 말한다.	1	2	3	4	5
2	나는 나와 다른 의견을 가진 사람을 설득하여 내 편으로 만드는 편이다.	1	2	3	4	5
3	나는 수줍음이 많아서 걱정이다.	1	2	3	4	5
4	나는 어떤 일이든 생각나면 곧 행동으로 실천한다.	1	2	3	4	5
5	나는 처음 만나는 낯선 사람과도 잘 어울린다.	1	2	3	4	5
6	나는 친구들과 어울리면서 내 의견이 채택되도록 한다.	1	2	3	4	5
7	주위 사람들은 나를 보고 놀 줄도 모르는 사람이라고 한다.	1	2	3	4	5
8	나는 되도록 많은 친구를 사귀려고 한다.	1	2	3	4	5
9	나는 남을 리드할 수 있는 지도자가 될 자신이 있다.	1	2	3	4	5
10	나는 하던 일을 빨리 하고 새로운 과제(공부)를 하는 편이다.	1	2	3	4	5

		1	2	3	4	5
11	주위 사람들이 나를 사교적이라고 말한다.	1	2	3	4	5
12	나는 어느 곳에서나 거리낌 없이 내 의견을 발표한다.	1	2	3	4	5
13	나는 언제나 바쁘게 지내는 편이다.	1	2	3	4	5
14	나는 변덕이 심한 편이다.	1	2	3	4	5
15	처음 만나는 사람들과 대화를 자연스럽게 나눌 수 있다.	1	2	3	4	5
16	나는 내가 한 일을 자주 후회하는 편이다.	1	2	3	4	5
17	대기업의 평사원보다는 작은 회사의 간부가 되고 싶다.	1	2	3	4	5
18	주위 사람들이 나를 독립심이 강한 사람이라고 한다.	1	2	3	4	5
19	나는 기분이 좋았다가 나빴다가 하는 때가 종종 있다.	1	2	3	4	5
20	무슨 일이든지 스스로 결정을 잘 내릴 수 있다.	1	2	3	4	5
21	나는 규칙을 스스로 잘 지키면서 행동하는 편이다.	1	2	3	4	5
22	내 감정을 내 스스로 어찌할 수 없을 때가 종종 있다.	1	2	3	4	5
23	나는 남에게 의존하려는 때가 있다.	1	2	3	4	5
24	나는 지시하지 않으면 자발적으로 하지 못하는 편이다.	1	2	3	4	5
25	나는 감정에 이끌려 기분 나는 대로 행동하는 때가 있다.	1	2	3	4	5

PART 02

아동의 사회성에 영향을 주는 요인
- 사회성 저하요인을 중심으로

본 **PART**에서는 아동의 사회성 저하에 영향을 미치고 있는 요인들을 알아보고자 한다. 아동 개인적 요인, 부모와의 관계에서 기인하는 요인, 가정환경과 관련된 요인, 학교 혹은 학교에서의 관계에 영향을 받는 요인으로 나누어 살펴보고자 하는데 각 요인들은 개별적 혹은 상호 영향을 주고 받으며 아동의 사회성에 영향을 미치고 있다.

1. 개인적 요인

① 아동의 기질, 성격

외향적이고 적극적인 성격은 내성적이고 소극적인 아이들에 비해 친구를 사귀고 관계를 유지하는 데 많은 장점을 가지고 있다. 그렇지만 내성적이고 소극적이라고 해서 꼭 사회성에 문제가 있는 것은 아니다.

이런 아이들의 경우는 관계가 넓지는 않지만 보다 깊은 우정관계를 유지하고자 하는 속성을 보이기도 한다. 앞서 소개한 **JTCI** 검사의 차원을 통해 기질, 성격과 사회성의 관계를 살펴보면, 사회적으로 민감하지 못한 기질이면서 성격적으로 미숙하여 타인과 연대감 적은 아이들은 또래관계를 맺고 유지하는 사회성에 결함을 보일 수 있는 소인을 갖고 있다.

또한 일부 까다로운 기질의 아동들은 부모의 양육태도에 영향을 미친다는 보고들이 있는데(부모 역시 안정적이지 못한 정서 상태일 때 더욱 그러함), 부모의 적절치 못한 양육태도는 불안정 애착으로 이어질 수 있고, 이로 인해 사회적 관계에 어려움을 보일 수 있는 가능성이 있다.

② 개인적 능력

아동 개인의 독립적 기능과 관련된 요인이다. 사회적 지능이 낮거나 타인의 정서나 감정에 대한 공감능력이 낮고, 사회적 상황 판단 능력에 부족한 아동들은 또래와 사회적 관계를 맺는 데 어려움을 가질 수 있다. 자신감이 없거나 혹은 지나치게 넘쳐서 관계를 지배하려 하는 경우, 친사회적 기술이 부족한 경우, 놀이성이 풍부하지 못하여 매력적이지 못한 아동, 정서 조절이 잘 되지 않아 안정적이지 못한 아동들은 사회적 능력이 부족할 수 있다.

③ 외모

매력적인 외모의 기준은 시대나 사회의 문화에 따라 다르지만, 사회심리학자들은 매력적인 외모를 지닌 사람들에 대하여 대부분의 사람들이 호감을 갖는다고 말한다. 외모의 후광효과이다.

매력적인 외모를 지닌 사람은 그 진위와 상관없이 똑똑하며, 실력 있고, 친절하고, 흥미로우며, 강하고, 사교적이며, 이타적인 성격을 지닌 것으로 여겨지는 경향이 있다(Dion 등, 1972; Eagly 등, 1991). 외모가 매력적인 사람이 또래들에게 인기가 있는 이유 중 하나는 '방사효과'이다. 방사효과란 매력적인 사람과 같이 있음으로 해서 스스로의 주가가 올라가는 것으로 인식하는 것을 말한다. 반면 매력적이지 못한 외모의 아동들은 다른 아동들에 비해서 전반적으로 부정적으로 인식된다(Gardner & Tockerman, 1994).

영화 〈미녀는 괴로워〉(2006)

관계에서 외모의 후광효과를 인지할 수 있는 영화

특히 자기 지각에 대한 인식이 커지는 아동 후기 이후로는 외모에 대한 스스로의 평가로 인해 자존감이 저하되거나 우울감을 갖게 되고 이로 인해 또래관계를 자신 있게 맺지 못하는 아동들이 생기게 된다. 외모로 인해 또래들에게 놀림을 당하거나 집단 따돌림을 당하게 되는 경우도 있다.

④ 정신 건강

아동의 정서·행동적 문제들이 사회적 관계 맺기에 장애물이 될 수 있다. 사회성과 관련된 정서·행동적 장애로는 일반화된 불안, 사회불안, 우울, 애착장애, 주의력결핍과잉행동장애(ADHD), 행동장애(Conduct Disorder), 성정체감장애 등이 있다.

PART 01에서 이미 전문적 개입이 필요한 사회성 문제를 기술할 때, 각 발달 시기별로 보일 수 있는 아동의 정서·행동문제들을 설명한 바 있으나, 이를 간단히 요약해 보면 다음과 같다.

	사회적 관계에서 보일 수 있는 행동
사회불안	여러 친구들 앞에서 혹은 면 대 면의 대화에서 지나친 긴장감을 보이거나 말을 하지 않을 수 있음.
우울	· 지나친 자신감 결여 · 사회적 만남을 처리하는 자신의 능력을 의심함. · 사회적 과제 수행에서 결손을 보임. · 사회기술의 결함 보임.
ADHD	· 또래사회의 규칙을 지키지 않음(즉흥적이 규칙의 변화). · 과잉된 감정으로 정서적 분위기를 일탈하기도 함. · 사회기술의 결여 · 또래로부터 신뢰롭지 못하다고 지각되거나, 말썽쟁이로 낙인찍히는 경우가 많음.
품행 장애	· 관계의 마찰 시 혹은 알 수 없는 이유에서 언어적·행동적 공격성을 보임.
불안정 애착	· 소수의 관계(단짝)에 과도한 집착 · 안전감을 느끼지 못하고 의심하거나 관계에 대한 예민함을 보임. 공격성이나 우울과도 관련이 있으므로 직·간접적으로 사회성에 영향을 줌.
성정체감 장애	· 자신의 성을 부정, 부인하고 반대의 성을 동경함. 아동기에는 반대 성아동들의 놀이를 선호. 관계 맺기에서 고립감과 실패를 경험. 청소년기 이후에는 동성에 대한 성적인 매력을 느끼기도 함.

2. 환경적 요인

(1) 부모 요인

① 애착과 사회성

부모와 안정적인 애착을 형성한 아동들은 타인과의 관계 형성을 편안하게 느껴 다른 사람들에게 도움을 줄 수 있고, 친사회적 행동을 할 수 있는 바탕을 가지고 있다.

그러나 Hazen과 Shaver(1987)에 따르면 회피적인 애착을 보이는 아동은 또래나 성인들을 신뢰하기 어렵고, 친밀한 상태에 대해 불편감을 느낀다. 불안하고 양가적인 애착유형을 보이는 아동들은 거부당하는 것에 대한 불안이 높고 자신의 기대와는 상반되게 다른 사람들과 가까워지는 것을 어려워한다.

② 양육태도와 사회성

대부분의 부모들은 자신의 양육태도가 자녀들의 전반적인 인성 및 사회적 발달에 중요한 역할을 한다는 것을 잘 알고 있다. 그러나 자신의 양육태도가 어떠한 유형인지 객관적으로 평가하고 그것을 인정할 수 있는 부모는 많지 않은 것 같다.

혹 본서를 읽고 있는 독자가 자녀의 사회성 문제로 고민하고 있는 부모라면, 아래의 내용을 읽으면서 먼저 자신의 양육태도가 어떠한지 객관적인 시선으로 평가할 필요가 있다. 부모 자신에 대한 평가에 있어 객관성을 유지하기 위해서 필요하다면 전문가의 평가나 조언을 구하라고 당부하고 싶다.

학자들은 여러 유형으로 부모의 양육태도를 나누고 있다. 그중에서 대표적인 것들을 소개하면 다음 표와 같다.

이를 바탕으로 부모 자신의 혹은 상담자가 본 내담자 부모의 양육태도가 평가되었는가? 그럼 이제 이러한 양육태도가 아동의 사회성에 어떠한 영향을 미치는지를 알아보자.

Baumrind (1966)	ⓐ 독재적(authorian) 유형: 진형적인 아동 통제 유형, 자녀에게 무조건적인 복종을 요구한다. 부모가 절대적인 기준을 설정한다. ⓑ 허용적(permissive) 유형: 자녀를 독립적인 개체로 인정하고 자율성을 고무한다. ⓒ 권위적인 태도(authoritative) 유형: 민주적(democratic) 유형과 비슷하다. 부모의 권위를 세우고 자녀로 하여금 수용하도록 하면서 자녀의 독립적 자율을 허용한다.
Becker (1964)	온정(warmth)과 적의(hostioity), 제한(restrictiveness)과 허용(permissiveness) 두 축을 가지고 부모의 양육태도를 설명한다. ⓐ 민주적(democratic) 유형: 자녀에게 온정적이고 허용적이다. 이때 허용이 지나치면 방종(indulgent)이 된다. ⓑ 과보호(overprotevtive) 유형: 온정적이되 제한이 많다. ⓒ 독재적(authoritative) 유형: 자녀의 행동에 제한적이며, 적의적이다. ⓓ 소홀(neglecting) 유형: 자녀에게 허용적이면서 적의적이다.
Shhaefer의 양육행동 구조모델	양육 유형을 Becker와 유사하게 애정과 적의, 자율과 통제의 두 축으로 나누어 설명한다.

예상한 것과 같이 부모의 양육태도가 권위적이고 민주적일 때 자녀는 가장 긍정적이고 적극적인 사회성을 보인다. 그리고 과보호적이거나 독재적, 지나치게 허용적인 부모의 자녀들은 사회성뿐 아니라 그 밖의 정서적 문제들에 있어서도 바람직하지 않은 모습들을 나타낼 가능성이 크다.

1. 안정 애착, 민주적·권위적 양육태도와 자녀의 사회성

모의 양육태도	민주적이지만 권위 있고, 안정적인 역할태도
모─자 관계	안정 애착
탁구의 사회성	사회적 지위에 있어 '인기아'에 해당하고, 세련된 사회적 기술(*social skills*)을 보여 줌.

탁구는 비록 아버지가 부재한 환경에서 성장했지만, 어머니의 자녀양육태도(민주적─권위적)와 그로 인한 안정적 애착 형성으로 인해 성공적인 대인관계를 맺을 수 있는 토대를 형성할 수 있었다.

어느 상황에서나 당당하고, 기죽지 않으며, 밝고 긍정적인 태도로 인해 원만한 대인관계를 형성한다. 또래관계뿐 아니라 성인과의 관계, 어린아이들과의 관계 역시 건강하게 맺는다. 탁구가 자신의 의견을 과하거나 무례하지 않게 내세우는 방법과, 경쟁 상황에서 최선을 다하되 과정을 중시하고 결과를 받아들이는 태도, 관계에 어려움이 왔을 때 갈등을 해결하는 방법들을 유의 깊게 살펴보면 탁구의 세련된 사회적 기술(*social skills*)을 발견할 수 있다.

모의 양육태도	과잉보호, 통제적 양육태도
부의 양육태도	통제적-권위적 양육태도, 정서적 유대가 없음.
모-자 관계	불안정 애착
마준의 사회성	대인관계에 있어 자기중심적 태도. 사회적 지위에 있어 '고립아' 또는 '배척아'에 해당하고, 사회적 기술(social skills)이 부족함. 왕족 유형에 해당됨.

마준의 아버지는 엄격하고 권위적인 양육태도를 취하며 성장과정에서 마준과 정서적이고 애정적인 유대관계를 맺은 경험이 별로 없다. 마준의 어머니는 마준에게 지나치게 집착하고 과잉보호적 양육태도를 취한다.

이로 인해 마준은 형제 및 또래관계에서 지나치게 독자적이고 자기중심적이며, 타인을 배려하거나 갈등과 경쟁 상황을 지혜롭게 해결하는 좋은 사회기술을 보여 주지 못한다.

부의 양육태도	독재적 양육태도, 신체적 학대
부–자 관계	불안정-혼란 애착
유경의 사회성	권위에 대해 저항하려는 특성을 보이고, 불안정한 정서 상태를 보임. 또래와 잘 어울리기보다는 혼자의 힘으로 해내는 일을 더 잘함.

유경은 건강하지 못한 한부모가정에서 성장하였다. 아버지는 술을 자주 마시며, 유경을 신체적으로 학대하고, 언어적 폭력성까지 보였다.

성장과정은 드라마에서 비춰지지 않았지만 성인이 되어서도 유경은 대학에서 사회운동에 앞장섰으며(이것 자체가 부정적인 것은 아니지만, 아버지의 학대가 옳지 않은 권위에 저항하려는 심리에 영향을 주었을 것으로 사료됨), 여러 친구들을 편안하게 사귀지 못하고, 개인적인 성향을 보인다.

사진 출처: KBS 드라마 <제빵왕 김탁구>(2010)

부모의 양육태도	자녀의 사회성
민주적, 부모의 권위를 유지하면서 애정적일수록	· 협동심이 강하고, 친구 간의 사이가 좋다. · 자기표현력이 높다. 사교적이다. · 창의성이 높다. 자주성과 자신감의 훼손 없이 사회규율에 책임 있게 적응한다. · 타인의 권리를 승인하며 협동적이다. · 곤경에 빠진 다른 사람에게 도움을 주는 행동을 하기 쉽다.
독재적일수록	· 비사교적이고, 협동심이 약하다. · 낮은 창의성 점수를 보인다. · 비참여적이고 불만이 많다.
과보호적일수록	· 불안정한 정서를 보이고, 적응력이 낮다. · 자주성이 부족하다. · 의타적(의존적)이며, 적극성 및 감정 조절이 약화되어 있다.

③ 부모의 또래 개입행동

부모는 자녀에게 또래와의 사회적 접촉 기회를 제공하거나 놀이 친구를 선택해 주며, 또래와의 상호작용에 필요한 기술을 직접 가르치고 또래 관계에서 발생하는 문제에 조언을 해 주는 등 역할(물리적·사회적 환경 조직)을 통해 아동의 사회성에 영향을 줄 수 있다.

이 같은 부모의 개입행동은 사회기술이 미숙하고 부족한 어린 아동 (유아들)이나 수줍음이 많은 초기학령기 아동들의 사회적 관계의 경우 도움이 될 수 있다. 그러나 부모의 지나친 또래 개입은 또래 간의 질서나 또 래세계만의 응집성을 무너뜨리고 자녀의 자발적인 관계 형성과 사회적 기술 훈련의 기회를 박탈하며, 또래세계에서 자녀를 배척당하게 하는 요인이 될 수도 있으므로 적절선을 지키기 위한 부모 자신의 민감성이 필요한 부분이다.

조정(arrangement) 및 중재(mediation)행동	자녀의 또래관계 향상을 위해 부모가 또래 아이들을 만날 수 있는 다양한 물리적·인적 환경의 기회를 마련해 주는 것
지도(supervision) 및 감독(monitoring)행동	자녀의 또래관계를 위해 자녀의 놀이 활동 및 또래 간 상호작용을 직접 지도(상호작용 기술)허거나 또래관계에 대한 정보를 수집하고 그들의 활동을 조절하는 행동
조언(consultation) 및 지지(support)행동	자녀의 또래관계 발달을 위해 자녀의 이야기를 들어주고 친구 간의 갈등이나 여러 문제들에 대해 상담해 주고 해결책을 제시해 주는 등의 행동

출처: Ladd, Profilet, & hart, 1992.

Tip 아버지의 역할과 사회성

최근 직장에 다니는 어머니가 늘어나고, 평등성과 양성성이 강조되는 사회 분위기 속에서 자녀의 양육과 교육에서 있어서도 아버지의 보다 적극적 역할이 필요하다는 주장이 많아지고 있다. 성규자(1999)나 최한순(1995)의 연구에 따르면 자녀의 사회성 발달 역시 아버지의 양육참여도가 높을수록 높게 나타났다.
아버지의 역할은 자녀의 발달영역에 절실히 요구되며, 특히 아동의 사회성 발달에 중요한 역할을 담당한다. 아버지가 보다 적극적인 양육 역할을 감당하고 자녀에게 자율적이고 애정적인 태도를 보이면 아동들은 새로운 개념을 개발하는 데 흥미를 갖게 되고 매사에 적극적이며 유능감과 지도력을 갖게 된다.

④ 부모의 정신건강(우울·불안)과 아동의 사회성

부모의 정신건강(특히 우울이나 불안)은 양육태도나 부모-자녀 관계에 영향을 미친다. 우울은 슬픔, 피로감, 불안정성, 그리고 정서적 철회 등의 특징을 가지므로, 어머니의 양육 민감성을 떨어뜨릴 뿐 아니라 부징성을 더 축진시키는 결과를 초래한다(Cummings & Davis, 1994). 우울한 어머니는 양육스트레스를 더 느끼고(고성혜, 1994), 여기에 양육 기술 부족이 더해질 경우 자녀와의 관계에서 문제를 일으킬 수 있다. 우울한 어머니들은 훈육에 일관성이 부족하고, 적극적으로 에너지를 투입하기보다는 쉽게 끝낼 방법을 찾게 되어 자녀에게 더 직접적이고 강압적인 통제방법을 사용하는 경향이 있다.

불안은 우울과 동반되어 나타날 때가 많은데, 불안한 엄마를 둔 아동들은 그렇지 않은 엄마를 둔 아동들보다 행동 억제에 어려움을 갖고, 사회적으로 회피하며, 엄마와 마찬가지로 불안장애를 가질 확률이 더 높다(Manassis et al., 1995). 불안한 어머니들은 양육방식에 있어서도, 자녀의 자율성 발달에 따른 행동들을 덜 허용하고, 상호작용에서 온정성이나 수용성을 덜 보인다(Whaley et al., 1999). 우울한 엄마, 불안한 엄마가 일상생활에서 보일 수 있는 자녀 양육 태도 특징, 그리고 이것이 아동의 사회성에 미치는 영향을 살펴보면 다음과 같다.

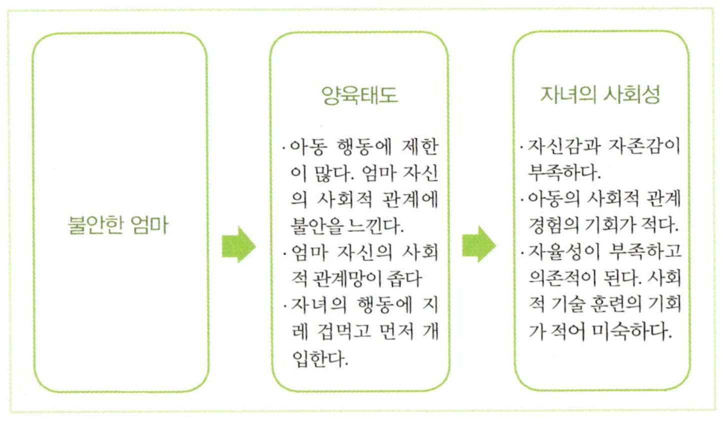

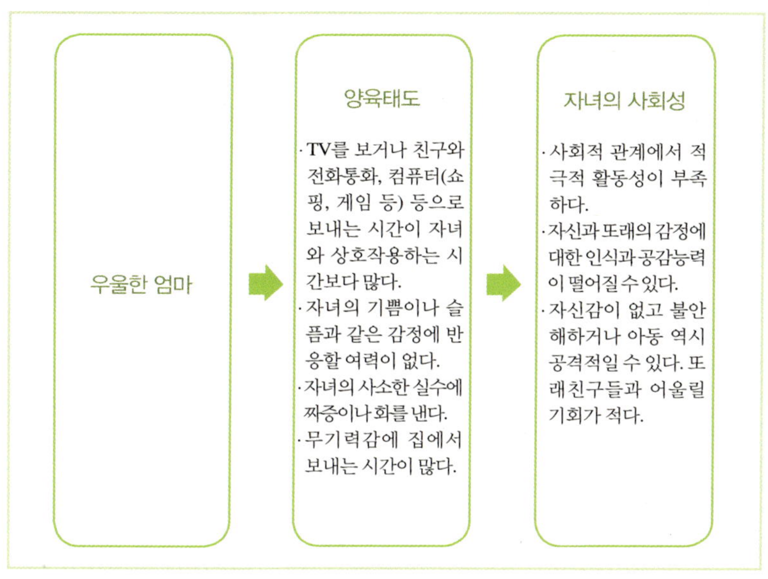

(2) 가정환경 요인

① 가정의 경제적 수준

최근 연구들에서는 경제적 수준이 높은 아이들이 인기가 있다고 보고되는 경우가 종종 있다. 반대로 가정의 사회경제적 수준이 낮은 아동들이 인기가 없거나, 심지어 따돌림을 당하는 경우도 늘고 있다. 물질이 힘이 되어 버린 사회적인 병폐가 아동들에게까지 영향을 주고 있는 가슴 아픈 현실이다.

② 형제관계

형제간의 상호작용은 부모-자녀 관계와 다른 차원에서 아동의 정서 적·인격적 성장에 영향을 준다. 형제간에는 권위, 방어, 경쟁, 우호감 등 관계 역동이 생길 수 있는데 이를 통하여서는 부모-자녀관계에서 가졌던 수직관계, 또래 간의 수평관계를 모두 경험할 수 있게 된다. 이는 아동의 또래관계에서 필요한 사회성을 성숙시키고 훈련시키는 데 기초적인 장이 될 수 있다. 그러나 반대로 이 관계에서 해결하지 못하고 곪아 버린 문제들은 아동의 또래관 계와 사회성에 부정적인 영향을 미칠 수 있다.

예를 들어 동생에 대한 지나친 경쟁심과 질투심이 해결되지 않은 아이들은 또래 간의 경쟁 상황에서도 지는 것을 견디지 못한다. 친구의 잘한 행동에 부적절한 평가를 내리고, 다른 친구를 칭찬해 주었을 때 화를 내거나 부적절한 행동을 하는 등 모습을 보일 수도 있다.

③ 친족과의 관계

친척 중에 또래들이 있다면 형제관계의 연장선으로 해석할 수 있다. 부모-자녀 관계에 얽혀 있지 않으므로 부정적 역동(예: 부모 사랑을 놓고 벌이는 경쟁)은 조금 덜 나타날 수 있으며, 친밀도가 높거나 만나는 기회가 잦을수록 형제관계에서 언급한 수직-수평관계를 더 많이 경험할 수 있다.

④ 가족 분위기/가족갈등

자율적이고 평등하며 활동적인 가족 분위기에서 성장한 아동은 그렇지 못한 아동들에 비하여 또래사회 내에서 보이는 아동 개인의 자율성이 높고 관계에 적극적이며 사회적 기술을 보다 적절히 사용하는 경향이 있다. 그러나 경직되고 수직적인 혹은 가족 내 갈등(부부싸움, 형제간 다툼 등)이 빈번한 가정의 아동들은 또래관계에서 자신감이 부족하고 위축되어 있거나 무례하고 공격적인 행동을 보여 또래사회의 수용도가 낮게 나타나기도 한다.

Tip 출생순위에 따른 일반적인 특징

개인심리학자들의 견해에 따르면 출생순위와 가족 내 위치는 한 사람이 성인이 될 때까지 세상과 상호작용하는 방식에 큰 영향을 미친다고 한다. 아동기에는 타인과 관계를 맺는 독특한 스타일을 습득하고, 이 스타일은 성인이 되어서도 대인관계에 영향을 주는 자신만의 독특한 그림을 만든다.

다음은 Dreikurs(1953), Adler(1958)의 이론에서 가져온 출생순위의 영향에 관한 내용이다.

맏이	일반적으로 많은 관심을 받으며 동생이 태어나기 전까지는 관심의 대상으로 응석받이로 자라게 된다. 의젓하고 열심히 일하며 앞으로 나서려고 한다. 그러나 동생이 태어나면 자신의 자리에서 쫓겨났음을 알게 되고 자신은 더 이상 독특하거나 특별하지 않다고 느낀다. 아들러의 유형론에 따르면 맏이는 사회적으로 유용한 사람이 되지 않는다면, 지배형이 될 가능성이 높다고 하였다.
둘째 아이	태어날 때부터 관심을 형제와 나누어 가진다. 일반적으로 둘째아이는 경쟁 속에 있는 것처럼 행동하고, 항상 압박을 받는 상태에 있다. 형이나 동생을 이기기 위한 훈련 상태에 있는 듯하다. 나이가 어린 아이는 형의 약점을 찾는 요령을 익히고, 형이 실패한 것을 달성함으로써 부모나 교사로부터 칭찬을 받으려고 한다. 한 아이가 어떤 영역에 재능이 있다면 다른 아이는 이 영역과 다른 영역의 능력을 개발시킴으로써 인정받고자 노력한다. 아들러는 둘째가 유리한 위치에 있으며 성격장애가 최소한으로 발전하는 것으로 여겼다.
막내	가족의 가장 많은 관심을 받으며 과잉보호될 가능성이 가장 크다. 과잉 보호될 가능성이 크기 때문에 아들러는 막내는 과도하게 의존적일 수 있고, 문제 아동 중 막내가 두 번째로 높은 비율을 차지하고 있다고 하였다. 다른 아이들이 모두 자기보다 앞서 태어났기 때문에 막내는 독특한 역할을 하며, 자신의 길을 가는 경향이 있다. 흔히 막내는 가족들 누구도 생각하지 못한 방식으로 행동한다.

(3) 학교 요인

① 교사의 영향력

어린 아동들의 경우 교사와의 애착이 안정적이고 친밀도가 높을수록 안정적인 또래관계를 형성하는 데 도움을 받는다. 부모와 안정적이지 못한 애착을 형성한 아동들의 경우 이를 교사로부터 보상받으려 하기도 하는데(밀접하고 애정적인 관계를 요구하거나 칭찬을 받고 싶어 하는 등), 간혹 주목받고 싶은 마음에 친구들과 싸우거나 친구들을 괴롭히는 경우도 있다.

특히 친구들과의 싸움(또래 간의 갈등상황)이나, 지나친 경쟁 상황을 교사가 어떻게 개입하느냐 역시 아동의 사회성에 큰 영향을 미칠 수 있다. 학교에서 발생하는 갈등에 있어서, 아동들 스스로 해결할 수 있는 기회를 줄 필요도 있지만, 적절한 자기주장 방법, 부정적 감정의 표현 방법, 갈등의 지혜로운 해결 방법과 같은 사회기술들에 대한 훈련 역시 필요하다.

② 학교 프로그램

학교의 교육방침과 교사들의 마인드에 따라 학교 프로그램에 아동의 사회성에 관련된 예방적·치료적 접근을 포함시키는 곳이 늘고 있다. 그리고 그 효과는 많은 연구들을 통해 검증되고 있다.

유아교육기관의 경우 기본 커리큘럼 안에 사회성 증진을 목표 삼은 활동 위주의 수업이나 프로그램을 추가적으로 계획하거나 기관에 따라서는 자녀의 사회성 증진을 위한 부모교육을 체계적으로 실시하기도 한다. 초등학교의 경우 예방적 차원의 사회성 증진 프로그램뿐만 아니라 사회성에 문제를 보이는 아동들을 그룹으로 묶어 방과 후를 이용하여 사회기술 훈련 프로그램을 실시하는 경우가 늘고 있다. 중·고등학교의 경우 학교폭력 예방 프로그램을 실시하거나 또래 괴롭힘 가해/피해 학생을 대상으로 치료적 프로그램을 실시하기도 한다.

③ 따돌림 경험

또래들로부터의 따돌림 경험은 아동을 사회적으로 위축되고 긴장되게 만든다. PART 01에서 기술한 것과 같이 따돌림 경험으로 인해 우울, 불안감이 상승될 수 있고 이는 다시 아동의 사회성에 부정적인 영향을 줄 수 있으며, 따돌림 피해 아동이 다시 가해 아동이 되는 악순환 고리가 될 가능성도 있다.

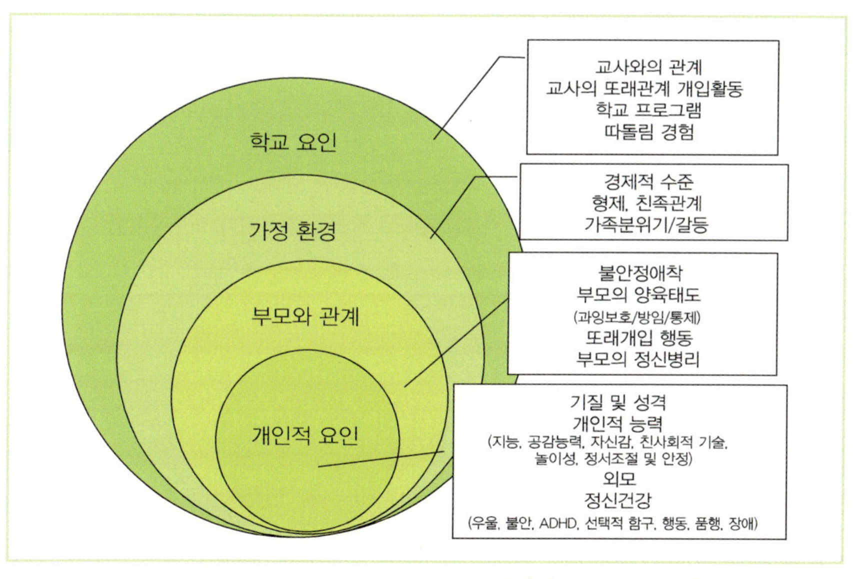

아동의 사회성에 영향을 미치는 요인들

PART 03

아동의 사회성 문제를 위한 치료적 접근

본 **PART**에서는 사회성에 문제를 보이고 있는 아동들을 위해 상담 현장에서 어떤 치료적 접근을 사용하고 있는지 혹은 사용할 수 있는지를 소개하고자 한다.

길을 찾아가는 방법은 다양하다. 그런데 이때 지도를 활용하면 목표 지점과 그 목표점을 향해 갈 수 있는 다양한 길들을 한눈에 확인할 수 있다. 당신은 당신의 내담자에게 사회성 향상이라는 목표점을 향해 갈 수 있는 다양한 길들 중 어떤 길을 안내할 것인가? 내 자녀가 안내받고 있는 길은 무엇인가? 자녀와 함께 어떤 길을 거쳐 가는 것이 가장 효율적인가? 전문적으로 얻은 치료적 노력을 상담실 밖으로 연장시키려면 자녀에게 어떠한 도움을 주어야 할까? 이러한 고민에 본 장이 도움이 될 수 있는 지도가 되길 바란다.

일반적으로 사회성 치료라고 하면 '집단 사회성 프로그램'을 먼저 떠올린다. 집단 사회성 프로그램은 사회성 치료를 위한 대표적인 접근이지만 그 외에도 사회성을 향상시키기 위한 치료적 접근은 다양한 방법으로 진행될 수 있다. 개별적·치료적 접근부터 두 명의 아이를 대상으로 하는 짝치료, 셋 이상으로 구성된 집단으로 진행되는 집단 사회성 프로그램 모두 사회성 치료 현장에서 활용되고 있다.

개별치료적 접근법으로는 놀이치료, 미술치료, 모래놀이치료, 게임놀이치료, 독서치료 등 매체를 활용한 접근법과 학령기 이상의 아동들과 청소년들을 대상으로 실시되는 인지행동치료 등이 대표적이다. 아동의 사회적 능력이나 정서 상태에 따라 다르기는 하지만 주로 개별치료를 실시하다가 집단치료로 진행되는 경우가 많고, 개별치료와 집단치료를 병행하면서 진행하기도 한다.

개별치료 시간에는 아동의 사회성에 영향을 주고 있는 개별적인 심리·정서 문제를 집중적으로 다루고, 사회적 기술(social skills)을 인지적으로 숙지하기도 한다. 건강하지 못한 부모-자녀 관계가 아동의 사회성 부족의 핵심적 원인이었다면 이 역시 개별치료시간에 다루어질 수 있다. 또한 사회적 능력을 키우기 위한 정서적·인지적 토대를 마련하면서 아동의 사회적 관계의 성숙을 위해 치료자와 단짝관계(1:1 관계)를 해결하기도 한다. 짝치료는 치료자-내담자의 1:1관계에서 벗어나 아동들끼리의 1:1 관계를 해결하는 데 효과적으로 활용할 수 있는데, 집단치료에서 다룰 수 없었던 개별적인 대인관계 문제를 다루거나, 보다 깊이 있는 또래관계 형성을 연습하기 위한 접근으로 사용되기도 한다.

집단치료는 개별 혹은 짝치료를 통해 '상담실 안'에서 해결한 부분들을 '치료적 집단' 안에서 현실적으로 검증해 볼 수 있다. 집단치료에서의 집단은 바로 아동들이 현실적으로 관계하는 사회의 축소판이라 볼 수 있으며, 집단 안에서 발생하는 사회적 역동을 치료자가 즉각적으로 개입함으로써 아동의 사회기술을 훈련시키고 사회적 관계를 해결하는 능력을 신장시킬 수 있다. 집단치료 한 회기의 시간 구성은 치료방법의 이론적 토대나 현실적인 문제들을 고려하여 구조화하거나 또는 비구조화하여 실시한다.

개별치료	짝치료	집단치료
·개별적 심리·정서 문제 다루기 ·사회기술의 인지적 습득 ·부모-자녀관계 다루기 ·치료자와 단짝관계 해결하기	·아동들 간의 1 : 1 관계 해결하기 ·집단치료에서 다룰 수 없는 개별적 관계 문제 다루기 ·보다 깊이 있는 또래 관계 역동훈련	·개별, 짝치료에서 해결한 문제를 '치료적 집단' 안에서 현실적으로 검증하기 ·집단 안에서 발생하는 사회적 역동을 치료자가 즉각적으로 개입

1. 사회성 문제 해결을 위한 개인 심리치료적 접근

(1) 아동 중심 놀이치료[1]

사회성 문제를 가진 아동들 중 아동 중심 놀이치료에 적합한 대상이 되는 아동들은 보통 외현적인 문제와 내면적인 문제행동을 가진 아동과 청소년으로 구분해 볼 수 있다. 외현적인 문제는 행동상의 문제가 밖으로 표출되는 경우를 일컫는데, 공격적이거나 산만하거나 파괴적인 행동을 하여 또래관계를 손상시키는 경우이다. 내면적인 문제행동은 우울이나 불안과 같은 정서적인 문제로 또래관계가 건강하지 못하거나 위축과 지나친 수줍음 등으로 사회적 관계에 어려움이 있는 경우이다. 그 이외에도 적절한 사회적 기술의 부재나

---

1) 아동 중심 놀이치료의 기본적 설명은 마음맑음 시리즈 『등교거부 아이 달래기』를 참고하길 바란다.

사회화가 되지 않아 사회적 관계에서 어려움을 경험하는 아이 등도 아동 중심 놀이치료의 대상이 된다. 사회성 문제를 가진 아동의 유형에 따라 놀이치료 목표가 다르지만 초기에는 놀이실과 놀이치료사에 적응하기 위해 아동과 치료사 모두 노력하며 라포를 형성하는 시기이다.

* 사회성 개별 놀이치료에서의 라포 형성
라포란 신뢰로운 관계 안에서 치료사와 아동이 갖는 친밀감이라고 할 수 있다. 모든 치료에서 라포 형성이 중요하지만, 사회성 문제를 겪는 아동들에게 라포 형성은 치료의 핵심적인 쟁점이 될 수 있다. 치료자와의 안정적인 치료관계가 형성되면 아동은 인간에 대한 신뢰감이 형성되어 놀이가 활발해지고 대인관계에 대한 욕구와 자신감이 증가하게 된다. 또한 치료자와의 관계 형성 자체가 아동의 사회적 관계에 치료적 개입을 시도하는 첫 번째 관문이기도 하다.

중기에는 아동이 놀이실에서 주인공이라는 것을 깨닫게 되고 보다 주도적으로 변하며, 자기표현이 늘어나게 된다. 치료자와 다양한 놀이를 통해 또래관계에서 일어날 수 있는 갈등을 인식하고 해결해 나가는 방법을 터득한다. 이러한 과정에서 아동은 또래관계에 대한 유능감을 회복하고 치료실 안에서의 경험을 또래관계로 확장해서 시도해 보기도 하며, 이때의 결과를 다시 치료자와 수정, 보완하는 작업을 하게 된다.

말기에는 아동이 놀이실 안에서는 놀이를 통합하거나 확장하게 되고 재미와 안정을 추구하는 형태로 진행이 되며, 밖에서는 자신의 연령에 맞는 행동 및 좀 더 사회화 된 모습을 보이게 된다.

초등학교 3학년인 정환이는 평소에 자기표현을 잘 하지 않는 아이다. 정환이가 밤에 자지 않고 울고 있는 것을 본 엄마가 정환이에게 이유를 물었더니, 친구들이 자신과 놀아 주지 않아서라고 했다.

걱정이 된 엄마는 다음 날 학교 선생님을 만났으며, 선생님으로부터 정환이가 친구들과의 관계가 좋지 못하고, 고집이 세며, 다른 친구들의 일에 잦은 지적을 하고 있다는 이야기를 듣게 되었다. 최근에는 친구와의 다툼에서 물건을 던졌다고 한다.

정환이의 어머니는 아이가 3개월 되면서부터 직장에 복귀하였고, 처음에는 집 근처 아주머니에게, 18개월쯤부터는 (정환 아버지 사업에 실패로) 친조모 댁에 아이를 맡겼다.

당시 친조모는 정환이 외에도 사촌 형(아동보다 두 살 위)과 생후 6개월이 지난 여동생을 함께 돌보고 있었다. 이때부터 부모님 간의 심리적 마찰이 잦았고, 결국 정환이가 4살 때까지 부모님이 따로 떨어져 지냈다. 정환이 어머니는 불안하고 우울한 감정을 느낄 때가 많았지만, '아이는 엄마가 키워야 한다'는 생각으로, 아이가 5살이 되던 무렵부터 아이와 함께 외할머니 집으로 들어가게 되었다. 어머니가 일을 하는 동안에는 외할머니가 정환이를 돌보았고, 외가댁에 살면서도 경제 형편으로 인해 이사를 자주 하였다. 어린이집을 3번 옮겨 다녔고, 초등학교 1학년 때에는 이사로 인해 두 번 전학을 했다.

놀이치료 초기에 정환이는 위험하거나 규칙에 벗어나는 행동을 자주 하였다. 갑작스레 치료사 뒤편의 다트판을 향해 다트를 던진다거나, 젖은 모래상자가 아닌 마른 모래에 물을 붓기도 하였고, 유리로 만든 장난감에 화살을 쏘기도 했다. 치료사가 치료실 규칙에 어긋난 행동을 제한하면 "여기는 마음대로 할 수 있는 곳이잖아요"라고 하면서 치료실 규칙을 지키지 않으려 했다. 치료사는 정환이의 화난 감정을 읽어 주고, 규칙은 주변 다른 사람들을 위해 지키기보다는 스스로가 다치지 않기 위해 지켜야 된다는 것을 일러 주었다. 정환이와 치료사가 신뢰로운 관계를 맺고 나서부터 정환이는 '화가 난다'는 이야기를 자주 했으며 치료사는 행동이 아닌 말로 해 줘서 정환이 마음을 잘 알겠다는 표현과 함께 정환이가 적절하게 화를 풀 수 있는 도구들을 제시하여 주었다. 틈틈이 화를 건강하게 표현하는 방법들을 일러 주어 학교나 집에서도 실천해 볼 수 있도록 하였다. 이때부터 놀이치료실에서의 제한이 자연스럽게 받아들여졌고, 학교에서도 친구들에 대한 지적이 줄고, 또래와의 놀이를 시도하게 되었다. 부모상담을 통해 정환이 어머니는 정환이의 정서 상태를 보다 객관적으로 이해하기 시작하였고 자녀와 안정적으로 관계 맺기 위한 방법들을 소개받으며, 실천하기 시작하였다.

이에 아동의 주호소 문제들이 해결이 되면 치료사와 아동이 함께 의논하여 종결회기(헤어짐의 시간)를 갖는 것에 대해 준비하게 되고, 준비된 환경 속에서 종결을 하게 된다.

아동중심 놀이치료의 마지막 단계에서는 집단치료를 병행하게 하기도 하는데 이는, 현실 상황에 대해 구체적으로 적응하는 사회적 기술의 습득 및 적용하는 데 큰 도움을 받기도 한다.

(2) 인지행동 놀이치료

인지행동 놀이치료는 놀이과정에서 인지적인 방법과 행동적인 개입을 포함시킨 것으로서 다른 놀이치료기법에 비해 치료사의 행동적 개입이 많은 것이 특징이다.

아동의 놀이를 충분히 관찰한 치료사는 목표와 회기를 정하여 치료과정을 구조화하게 되는데, 아동의 개선되어야 할 행동문제를 목표행동으로 설정하고, 치료회기가 어느 정도 진행되어야 할 것인지 등에 대해 구조화하는 작업을 거친다. 사회성에 어려움을 지닌 아동과의 놀이치료에서 적용되는 몇 가지 대표적 기법을 소개하면 다음과 같다.

① 사회적 기술 모델링

인지행동 놀이치료에서 치료사는 아동의 문제행동 수준에 맞게 상담을 몇 회기로 진행할 것이고 각 회기에는 어떠한 내용들을 다룰 것인지 구체적인 목표행동을 설정한다. 이때 치료사가 목표한 구체적인 사회적 기술을 익히게 하기 위해서 '치료사가 목표행동을 먼저 보여 주고 아동이 따라하게 하는' 모델링 기법을 활용한다.

치료사는 놀이실에서 아동과 자연스럽게 놀이를 하면서 아동에게 필요한 구체적 사회적 기술을 표현하고(인사하기, 요청, 부탁하기, 감정 표현하기, 자기주장하기 등) 아동에게 그 기술을 사용할 수 있는 놀이 환경을 마련해 아동이 치료사의 행동을 따라 하도록 유도한다.

즉 아동의 사회성과 관련된 문제행동을 수정하기 위해 치료사가 실질적인 시범을 보이고 아동이 그 행동을 모방하게 하는 과정을 거친다. 어린 아동들에게는 퍼펫(손인형)을 이용해 아동에게 필요한 기술들을 직접 보여 주고 아동이 따라 할 수 있도록 하기도 한다.

② 연습과 과제 활용하기

놀이실 또는 이외의 공간을 활용해 과제를 내 주는 방법을 사용할 수 있다. 치료사가 알려 준 사회기술들을 놀이실 안뿐만 아니라 밖에서도 사용할 수 있도록 도움을 주는 것이다.

좋은 대화 하는 방법

☺ 대화를 시작하기 좋은 주제 찾기

1. **날씨**— "오늘 날씨(계절에 따라 말을 함. 추웠다고 한다면) 춥지 않니?"
   "날씨가 갑자기 더워지니까 밖에서 노는 게 너무 힘들다. 넌 어때?"

2. **외모**— "우왜! 너 오늘 옷 잘 어울린다."
   상대방의 외모(옷 스타일, 머리 스타일, 색깔 등)에 대해 칭찬을 한다.

3. **건강**— "날씨가 추워지니까 몸을 움츠리고 다녀 어깨가 아파."
   "날씨가 시원해지니 이젠 밖에서 몸을 건강하기 위해 축구를 해야겠어."

4. **숙제**— "(학원 친구나 사회성 친구들에게)너희 학교는 숙제 많이 있니?"
   숙제할 때 어려운 점에 대해 숙제에 대해 잘 듣지 못했다고 하면 숙제에
   관한 이야기 등을 친구에게 물을 수 있다.

친구와 대화를 어려워하는 아동들에게 위의 시트지를 나눠 주고, 어떤 대화를 할 수 있는지 구체적으로 안내한다. 치료사와 함께 역할놀이를 통해서 익숙하게 되도록 연습하고, 이를 친구들과의 대화에서 사용할 수 있도록 한다.

잘 듣고 이야기 해 보아요!

눈맞춤					
바른 자세					
얼굴표정					
목소리 톤					
적절한 질문-답					
눈맞춤					
바른 자세					
얼굴표정					
목소리 톤					
적절한 질문-답					

대화 나누기의 기본은 눈맞춤, 자세, 목소리 톤 등이다. 치료사와 아동이 시트지를 나눠 가진 후, 치료사와 아동은 이야기를 나누게 된다.

이때, 눈맞춤은 적절했는지, 바른 자세로 앉아 이야기 진행을 했는지, 얼굴 표정은 적절했는지 등을 서로 체크를 한 후, 어떤 부분을 수정해야 나가야 되는지 어떻게 해야 하는지 등을 구체적으로 이야기를 나누게 된다. 후에 이를 역할 놀이나 치료자와의 대화에 활용한다.

예를 들어 퍼펫이나 치료사가 준비한 시트지를 통해 '또래와 이야기 나누는 방법'을 배운 후에는 치료사 역할놀이를 하면서 아동의 표현이 익숙해질 때까지 반복하고, 이야기하는 기술을 습득시킨다(연습).

이후 집에서도 시트지를 작성하도록 하여 목표행동이 익숙해지도록 한다(과제). 다음 회기에 치료사와 아동은 함께 과제 검토를 하고 아동이 잘한 행동에 대해서는 강화를 주어 긍정적 행동이 증가되도록 한다.

(3) 인지행동치료

인지행동치료는 내담자의 행동에 대해 직접적인 개입을 하여 행동 변화를 이끄는 문제 해결 지향적인 접근법으로서 아동의 인지구조 변화를 통해 감정과 행동양식의 변화를 시도하는 치료방법이다.

이 접근법에서는 내담자 개인이 자신의 '자동적 사고'를 파악하고 '인지적 오류'를 탐색하여 더 합리적이고 적응적인 사고로 재구조하는 과정을 돕는 작업을 한다. 인지행동치료는 행동의 변화 그 자체를 목적으로 하므로 하나의 독립적인 치료방법으로 사용되기도 하고 정서치료와 병행되어 진행되기도 한다. 내담자에 따라 다르지만 정서치료가 필요한 경우는 먼저 정서적 안정을 도모하기 위한 정서치료를 먼저 하고 이후 행동 개선의 구체적인 방법을 배우기 위해 실시되기도 한다.

사회성에 어려움을 보이는 아동 및 청소년을 위한 인지행동치료는 아동의 부족한 기술 능력을 파악하여 잘못된 인식을 수정하고 이에 대처할 수 있도록 하는 것을 목표로 한다. 예를 들어, 합리적인 대화 방법, 나-전달법, 반영적 경청방법, 직접적이고 긍정적인 대화방법 등과 같은 의사소통 기술을 익히거나, ABC 이론을 도입하여 자신의 잘못된 사고를 수정하여 올바른 방법으로 사고할 수 있도록 도울 수 있다. 아동들은 위의 방법들을 치료자와 연습하고 현실생활에서 적극적으로 실천하도록 하기 위해 노력하게 된다.

* 자동적 사고
어떤 특정 상황에서 한 사람의 내재된 믿음은 그 사람의 지각에 영향을 주고, 이것은
상황 특징적인(situation-specific) 자동적 사고를 통하여 표현된다. 그리고 이러한 자동적
사고들은 그 사람의 감정에 영향을 준다. 더 나아가서 자동적 사고는 행동에 영향을 주게
되고, 또 생리적 반응에도 영향을 준다.

* 인지적 오류
내담자들의 인지과정에서 갖고 있는 체계적이고 부정적인 오류이다. 전형적인 인지적 오류의
예는 다음과 같다.

1. 전부 아니면 전무의 사고 (흑백논리, 양극단적 사고, 이분법적 사고)	연속적인 개념보다는 오직 두 가지 범주로 나누어 상황을 본다. 예) "1등이 아니면, 실패한 것이다."
2. 재앙화 (점쟁이 오류)	미래에 대하여 보다 현실적인 어떤 다른 고려도 없이 부정적으로 예상한다. 예) "그 친구는 진짜 많이 화가 날 거고 나를 아주 싫어하게 될 거야."
3. 긍정적인 면의 평가절하	당신의 긍정적 경험, 행한 일이나 자질 등을 고려하지 않고 스스로에게 비이성적으로 말한다. 예) "인원이 부족해 친구가 한 번 날 놀이에 끼어 준 거지 날 좋아하는 건 아니야."
4. 감정적 추론	그것을 너무 강하게 '느끼기'(실제적인 믿음) 때문에, 그 반대되는 증거는 무시하거나 고려하지 않고, 어떤 일이 틀림없는 사실이라고 생각한다. 예) "오늘 친구들과 큰 다툼 없이 잘 지냈지만, 그래도 난 말썽쟁이임에 틀림없어."
5. 과장/축소	자신이나 다른 사람 혹은 어떤 상황을 평가할 때, 비이성적으로 부정적인 측면을 강조하고 긍정적인 면을 최소화한다. 예) "평범하다는 평가를 받는다는 것은 내가 얼마나 인기가 없는지를 증명하는 거야."

6. 정신적 여과 (선택적 추상)	전체 그림을 보는 대신에 한 가지 작은 세세한 것에 필요 없이 관심을 가진다.
7. 독심술	좀 더 현실적인 가능성을 고려치 않고, 다른 이들이 생각하는 것을 알 수 있다고 믿는다. 예) "친구들은 내가 이 게임에 기초적인 룰을 모른다고 생각하고 있다."
8. 지나친 일반화	현재의 상황을 넘어서는 싹쓸이식 부정적 결론을 내린다. 예) "(그 모임에서 불편하다고 느꼈으므로) 나는 친구를 사귀기에 필요한 요소를 가지고 있지 않다."
9. 자기 탓	다른 사람의 행동에 대한 좀 더 타당한 설명을 고려하지 않고, 자신 때문에 다른 사람들이 부정적으로 행동한다고 믿는다. 예) "예린이가 어제 나에게 퉁명스럽게 대했던 것은 내가 무엇인가 잘못했기 때문이다."
10. 당위 진술 (명령문)	자신이나 다른 사람들의 행동에 대해 확실하고 고정된 사고를 가지고 있으며, 이런 기대를 충족하지 못하게 되면 얼마나 나쁜지를 과대평가한다.
11. 터널시야	어떤 상황의 부정적인 면만을 본다. 예) "영규는 똑바로 하는 것이 없어. 공부도 못하고, 늘 장난만 친단 말이야."

인지 치료에 활용되는 시트지 예

비 합리적인 사고

아래의 지문을 읽고 내 마음을 답답하게 만들 수 있는 단어에 대해 동그라미를 쳐보세요.

① 시험을 볼 때 아는 문제를 틀리는 것은 바보다.

② 다른 누군가가 나를 흉보는 것은 도저히 참을 수 없다.

③ 다른 사람에게 칭찬을 받으려면 항상 착하게 행동을 해야 한다.

④ 무슨 일이 있어도 절대로 거짓말을 해서는 안 된다.

⑤ 발표를 할 때 무슨 일이 있어도 틀리면 안 된다.

⑥ 친구에게 모르는 것을 물어보는 것은 내가 어리석다는 표시이다.

⑦ 내가 친구들 놀이에 끼지 못하는 것은 친구들이 나를 싫어하기 때문이다.

⑧ 부모님들이 나를 혼내는 것은 내가 밉기 때문이다.

⑨ 나랑 내 친구랑 옷이 똑같다는 것은 참을 수가 없다.

⑩ 난 뭐든지 열심히 해야 한다.

합리적으로 사고 하기

다음 중, 합리적 사고는 어떤 것인지 한번 살펴보아요.

1. 친구와 만나기로 약속했는데, 약속시간이 한참 지났는데도 친구가 오지 않는다.
① 갑자기 무슨 일이 생겼나? 조금 더 기다려보자.
② 나와의 약속을 어기다니 참을 수가 없어!
③ 나를 어떻게 보고 늦는 거야?

2. 쉬는 시간에 계단을 급히 내려가다가 잘못해서 넘어지고 말았다.
① 이런 실수를 하다니 나는 정말 바보인가봐.
② 너무 성급했나 보다, 서두르지 말고 천천히 내려가야겠다.

3. 친구의 게임기를 가지고 놀다가 그만 고장을 내고 말았다.
① 나는 이제 끝장이다. 나를 가만히 두지 않을 거야?
② 내가 좀 더 조심을 했어야 하는데, 다음부터 주의해야지!
③ 내가 이런 일을 저지르다니! 나는 정말 문제가 많아.

4. 학교에서 시험을 보았는데 성적이 좋지 않다.
① 나는 역시 머리가 나쁜가봐!
② 시험성적이 많이 떨어졌지만, 열심히 하면 잘할 수 있을거야!

☞ 아동 스스로 작성하도록 한 뒤, 아동과 함께 검토하며 아동이 가지고 있는 비합리적인 사고가 어떻게 되는지, 이로 인하여 대인관계에 어떤 영향을 미치는지에 대해 파악하여 비합리적인 사고를 고칠 수 있도록 도와줄 수 있다.

친구가 나를 화나게 할 때

친구들은 이럴 때 화가 난대. 너랑 생각이 다르니? 같니?

나랑 어떤 생각이 같고 어떤 생각이 다른지 생각해 보자.

1. 친구가 나를 놀이에 끼워주지 않을 때

2. 친구가 나를 놀릴 때

3. 친구가 나에게 욕할 때

4. 친구가 약속 시간을 안 지켰을 때, 또는 약속을 안 지켰을 때

5. 친구가 나의 일에 참견할 때

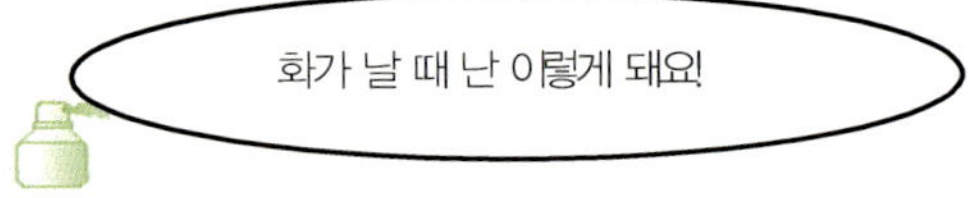

화가 날 때 우리의 몸은 어떻게 변하나요?

나의 눈	
나의 입	
나의 얼굴	
나의 손	
나의 마음	

(4) 모래놀이치료

　모래놀이치료는 모래상자를 꾸미며 스스로의 감정 및 사고를 바라보고, 이를 통해 문제 해결을 할 수 있는 치료이다. 모래와 작은 모형(figure)은 아동의 무의식에 있던 사고와 느낌을 구체적으로 표현하게 한다. 이로서 무의식과 의식이 연결되어 치료가 이뤄진다. 모래상자는 '심리적으로 보호된 공간'의 역할을 하여 깊은 수준의 자기표현이 가능하게 한다. 자신이 꾸민 상자가 한눈에 들어오기 때문에 자신의 세계를 쉽게 인식할 수 있고, 무의식의 깊은 곳에서 나오는 스스로를 치유하려는 힘은 자신의 감정과 삶의 양식을 이해하며, 성숙하게 한다. 사회성에 어려움을 가진 아동과 청소년들의 경우, 모래놀이치료는 사회적 기술의 향상 그 자체를 목표로 한다기보다는 관계 형성을 할 수 있을 만큼의 내적 힘을 키우고 정서적 자원을 만드는 작업을 수행하게 된다. 그리고 또래관계에서 경험하는 정서적 어려움이나 갈등을 표현하여 해결방법을 찾아가는 과정을 거치게 된다. 개개인 아동의 욕구와 표현이 다르듯이 아이들의 모래상자에 나타나는 또래관계 어려움도 다양하다. 예를 들어 또래관계에서 풀리지 않는 문제를 혼란스러워하는 사람들의 형상으로 표현하는 아동이 있는가 하면, 또래관계에서 느끼는 공허감을 주된 주제로 모래상자를 반복적으로 꾸미는 아동, 모래 안에 물건을 감추는 행동을 하며 자신이 받아들이고 싶지 않는 어떤 측면을 표현해 보는 아동들도 있다.

　정리하자면, 사회성에 어려움이 있는 아동들의 모래놀이치료에서는 아동이 또래관계에서 겪고 있는 내·외적 갈등을 표현하고 치료사와 함께 이야기를 나누며 정서적 어려움을 해결하는 과정을 거친다.

치료과정 엿보기 - 희영이 이야기

초등학교 6학년 희영이는 친구들 사이에서 왕따를 당했다. 이때 즈음 희영이는 학교를 자주 조퇴하고 학교에 가지 않으려 하는 등의 행동을 보였다. 희영이는 유치원 시절에도 친구와 놀이에서 자기가 원하는 대로만 하려고 하거나, 거친 말들을 함부로 하여 친구들이 좋아하지 않았다. 희영이는 초등학교에 올라가서도 친구들과 놀 때 짝이 모자라거나 남거나 하면 꼭 자신이 혼자 남게 되었다고 말한다. 희영이는 친구들이랑 놀고는 싶은데 친구들 놀이에 어떻게 끼어들어야 할지 잘 모른다. 희영이 엄마는 엄마가 될 심리적인 준비가 되어 있지 않은 상태에서 아이를 임신하게 되었다고 한다. 희영이를 낳고 나서도 희영이에게 애정을 느끼지 못하고 민감하게 반응하지 않는 등 희영이와 안정적인 정서적 관계를 맺지 못한 채 아이를 방치했다고 한다. 또한, 희영이가 걷기 시작하면서부터 희영이의 욕구를 살피거나 부족한 부분을 채워 주는 돌봄 없이 소리치거나 체벌을 가하는 등 통제적 양육행동으로 희영이를 억눌렀으며, 희영이 아빠 또한 희영이와 친밀한 관계를 맺지 못하고 희영이에 대해 다소 무관심하였다고 한다. 이러한 양육환경 속에서 희영이는 내면에 분노감, 불안정감, 의존 욕구에 대한 좌절감을 갖게 되었고, 자신의 감정을 적절하게 표현하고 조절하지 못한 채 문제 상황이 되면 회피를 한다거나 가까운 사람에게 화를 내는 모습을 보였다. 또한 친구관계에서도 적절하게 놀이 상황을 판단하거나 친구를 사귀는 세련된 방법을 배우지 못해 친밀한 또래관계를 맺는 데 어려움을 가지게 되었다.

1회기 | 희영이 모래상자

· 주제: 우리 집

· 내용(모래상자 꾸민 것에 대한 아동의 설명):
주제는 「우리집」이며, 희영이는 집을 꾸미고 나서
집이 크지만 너무 넓어 허전하다고 했다. 또한,
"하루 종일 집에 혼자 있으면 심심해서 컴퓨터와
텔레비전만 봐요"라고 했다. 상담자가 '이 집이
허전하게 느껴지는구나'라는 내용 반영을 하니

아동이 모래상자를 잠시 들여다본 후 추가적으로 과일과 사과나무, 심슨의 아빠, 엄마 figure를 상자에 갖다 놓았다.

· 상담자가 본 모래상자 해석:

희영이의 마음을 잘 드러내 주고 있는 상자로서 희영이의 공허한 감정 상태를 표현하고 있으며, 희영이가 '심심하다'라고 표현하듯 희영이 스스로 무언가를 해결하기보다 의존하려고 하는 면들과 엄마와의 관계가 소원한 상태임을 알려 주고 있다.

20회기 | 희영이 모래상자

· 주제: 친구들과 놀이를 했어요.
· 내용: 아동이 친구들과 오랜만에 즐겁게 놀았다고 하며 모래상자를 꾸몄다. 예전에 자신이 왜 친구들과 못 놀았는지에 대해 이야기를 하였다. 예전에는 자신이 먼저 친구에게 다가가기보다는 친구가 아동에게 먼저 다가와 주길 바랐다고 했다.
놀이실에서 이야기한 것처럼 용기를 내어 아동이 먼저 다가가고, 친하다고 느낄수록 예의 있게 행동하니 친구들이 쉬는 시간에 먼저 아동에게 다가왔다고 한다.
· 모래놀이 초기 희영이는 등교시간에 부모가 직접 학교를 데려다 줘도 다시 학교에서 뛰쳐나오거나 조퇴를 하였다. 학급에서 혼자 적응할 수 없다 판단되어, 담임선생님과의 상의하에 같은 반 회장 및 인기 있는 친구들에게 도움을 청했다. 희영이는 친구가 생기자 학교에 가는 결석과 조퇴가 줄었으나 모래상자 속에서는 공허함과 친구들이 자신을 챙겨 주지 않는 것에 대한 불만을 표시하였다.
이에 치료사는 아동의 감정을 헤아려 주면서, 아동이 말하는 것을 반영, 공감을 해주며 희영이 스스로 자신이 말한 것을 생각해 볼 수 있게 도와주었다. 모래놀이 중기부터는 아동이 모래상자 가득 만화 속 캐릭터를 가지고 꾸미며 친구들과 소통하고 싶은 것들을 표현하지만, 그 안에서 누군가가 자신을 먼저 챙겨 주고, 헤아려 주길 바라는 의존적인 모습들을 보였다. 또한, 모래상자 속에서도 상황에 맞지 않는 인물들이 간혹 등장했는데, 이는 희영이 자신의 모습이 상자에 드러난 것이었다. 이에 치료사가 모래상자를 해석해 주며 희영이의 욕구를 바라볼 수 있게 해 주고 발달과업에 맞도록 진정한 독립을 할 수 있게 반영과 대화를 해 주었다. 모래놀이치료가 20회기쯤 되었을 때 희영이는 먼저 반 친구들에게 다가갈 수 있었으며, 자신의 과거 행동을 되돌아보며 반성하는 회기를 갖기도 했고, 진정한 친구를 만들려 노력하는 모습도 보이기 시작했다.

이러한 작업과 더불어 치료사는 아동이 자신의 사회성 발달에 적합한 행동을 일깨우도록 돕고, 연령에 적합한 사회화를 이룰 수 있도록 한다.

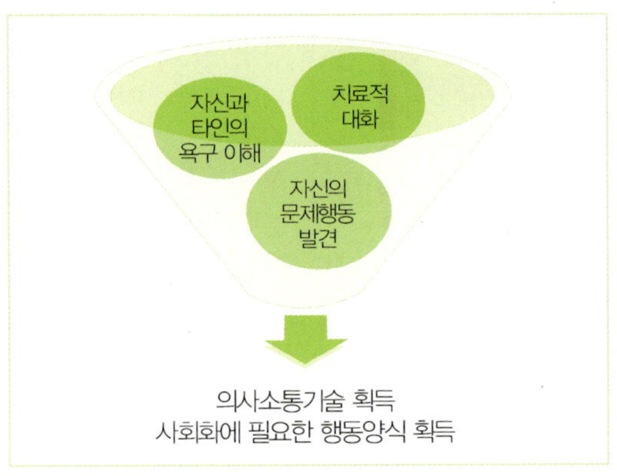

(5) 게임놀이치료

게임은 두 명 이상의 상호작용이 필요한 놀이이므로 사회적 관계에서 어려움을 지닌 아동, 청소년들에게 매우 적합한 치료적 도구가 될 수 있다. 아동들은 게임을 통해 사회에서 요구하는 바람직한 역할 행동을 배우게 된다.

게임 안에서는 친구와의 관계에서 정해진 경계(boundary)를 존중하고 침해하지 않아야 하며, 상대방을 위해 자신의 충동을 조절하거나, 상대방 때문에 자신의 욕구가 좌절되는 등 경험을 하게 된다. 뿐만 아니라 친구를 위해 자신이 할 수 있는 행동의 한계를 받아들이고 친구와 게임을 지속하기 위해 일정한 규칙을 지켜야 한다는 사실도 알게 된다. 게임에서는 참고 배우는 고통스러운 시간만 있는 것이 아니다. 서로를 이겨야 하는 경쟁적 요소도 있지만 높은 수준의 친밀감이나 협동도 함께 포함되어 있어 좋은 사회적 관계를 학습할 수 있는 기회를 주기도 한다.

게임놀이치료를 활용한 사회성 치료법으로 먼저 일반적으로 쉽게 구할 수 있는 보드 게임(Board Game)을 활용하는 방법이 있다. 부루마블, 인생 게임 등 다양한 보드 게임을 활용하여 치료자는 아동과 '치료적 게임'과 '치료적 대화'를 하게 된다. 아동들은 게임을 하는 동안 치료자가 주는 반영, 공감, 직면 등을 통해 자신과 타인의 욕구나 생각이 다르다는 것을 깨닫고, 타인(다른 친구들)을 이해하게 되거나, 자신의 행동이 또래관계에서 왜 문제가 되는지에 대해 인식할 수 있게 된다. 또 기본적인 의사소통 기술을 획득하거나 사회화에 필요한 다양한 행동 양식을 배우도록 돕는다. 아래에서는 특정 사회성 문제를 돕기 위해 고안된 게임이나 주로 활용되는 몇 가지 게임의 예를 소개하고자 한다.

사회성 문제를 가진 아동들을 위한 게임의 예

· 한국판 충동 조절 게임(Korean Impulse Control Game)

제조사: M. P
저자: 조용태, 유경미, 함현진
대상: 아동 및 청소년(7세~15세)

충동적인 아이들은 사회적 단서를 이해하지 못하고, 자신 및 타인에게 해를 끼치는 행동을 하게 된다. 이 게임을 활용해 충동 조절을 할 수 있도록 구체적으로 도와주는 방법과 행동에 대한 결과를 예측하며 사회적으로 용인된 행동을 할 수 있게 한다.

· 게임 속의 이야기 게임

저자: 한스카운셀링센터
대상: 아동 및 청소년(4세 이상)

상황에 맞게 이야기를 구성하도록 하여 아동들에게 상황에 맞는 판단과 이야기를 할 수 있도록 돕고, 사회적인 '단서'를 인지하도록 하는 게임이다. 치료적으로 활용함으로써 사회성 기술을 훈련시킬 수 있다.

· 인생 게임

제조사: Hasbro
대상: 아동 및 청소년(9세 이상)

인생을 살아가면서 만나 볼 수 있는 다양한 일들을 게임판에서 접해 볼 수 있다. 아동들이 게임을 통해 직업을 가져 보고 인생체험을 할 수 있으며, 미래에 대비하여 보험을 들어야 하는 것과 사고를 당했을 때 보험의 혜택, 재산 관리를 어떻게 해야 하는지 등의 경제문제를 알 수 있도록 한다. 치료적으로 고안된 게임은 아니지만 치료사는 아이들이 보이는 역동을 치료 적으로 활용함으로써 사회성 기술을 훈련시킬 수 있다.

타인에 대한 이해가 부족한 아동들은 자신이 타인에게 어떤 영향을 주는 지를 인식하지 못한다. 이들을 위해 유용하게 사용될 수 있는 게임의 종류는 체커, 카드게임, 타깃 게임, 도미노 등이 있다. 이 게임들을 활용해 형제나 또래, 성인과의 관계에서 받아들여질 수 없는 부정적 감정, 복수심, 시기심을 쉽게 표출·허용하도록 할 수 있다. 아동들은 치료사로부터 게임의 결과에 대해 개방적으로 표현하는 방법을 배우게 되고, 특히 자아조절, 공간 및 시·지각 구성 능력, 학습과 관련된 인지기술을 강화시키는 데 도움을 얻는다.

의사소통에 문제를 가진 아동들은 상호작용에 초점을 둔 게임도구를 사용할 수 있다. 게임의 종류로는 말하기·느끼기·행하기 게임(talking·feeling·doing game), 다양한 의사소통 판게임(Communication Boardgame), 이웃 사귀기 게임(Neighborhood game) 등이 있다. 치료자는 이 게임들을 통해 아동들에게 허용적인 분위기에서 자기표현을 촉진시키고 자기 노출에 대한 불안감을 감소시키기 위해 제 3의 인물의 감정과 생각을 나타내도록 하는 방법을 사용한다.

사회화가 안 된 아동들을 위해서도 아동의 행동문제에 맞추어 고안된 치료적 게임을 활용한다. 게임의 종류로는 한국판 사회성 기술향상게임, 사회정서 게임, 분노 조절 게임, 충동 조절 게임, 괴롭힘 제로 게임, 감정 표현 게임, 분노의 섬 탈출 게임 등이 있다. 이런 구조화된 게임 프로그램을 이용하여 사회적 행동에 강화를 받고 게임 고유의 사회적 상호작용을 통해 새로운 사회적 행동을 형성하도록 도움을 주며, 비행청소년, 사회적 기술이 부족한 정신지체 아동들에게 적용하여 사회성 발달을 도모한다.

(6) 미술치료

미술치료는 그리거나 만드는 작품을 통해 결과보다는 내면석으로 만
족하는 과정을 거치면서 감정을 완화와 함께 자연스런 치유과정을 거칠 수
있도록 돕는 방법이다.

표 20 사회성 문제를 가진 아동들을 위한 미술치료 기법별 효과

신체 그리기	사회적으로 많이 위축되었거나 불안감을 보이는 아동들의 경우, 손가락 또는 발 등 몸을 이용해 물감, 색 로션 등을 활용하여 전지 등에 그리기 활동을 할 수 있다. 이는 아동들이 자신의 내면에 있는 것을 표현하여 정서적으로 안정감을 느낄 수 있도록 한다.
난화기법	낙서하듯 긁적거리는 난화기법은 아동 및 청소년들의 사고와 감정을 자유롭게 표현하도록 한다. 이때 치료사가 아동의 감정을 헤아리고, 아동이 자신의 감정을 언어화시켜 표현하도록 도울 수 있다.
점토 활용하기	친구들 및 주변 사람들로부터 부정적인 인식을 많이 가지고 있는 아동을 대상으로 하는 지점토를 이용한 자기 상 만들기, 신체 본뜨기, 가면 제작, 종이인형 만들기, 미래의 나의 모습 표현하기 등 활동을 할 수 있다. 이는 자기와 관련된 신체, 이미지를 표현해 봄으로써 자신의 모습을 대상화하여 스스로 통찰해 보는 데 도움을 준다. 또한 그것을 아름답게 꾸미는 작업을 통해 긍정적인 자기인식을 하게 될 수 있다. 아동들은 자신을 표현한 작품에 대한 긍정적 지지와 존중을 치료자 및 다른 동료들로부터 받으면서 왜곡되었던 자아상을 보다 바람직한 모습으로 재인식하게 되는 경험을 하게 된다.

미술치료를 통해 아동의 사회성 문제를 해결해 가는 과정은 다양하다.

첫째, 아동은 그리기, 꾸미기, 만들기 같은 미술 활동을 하면서 환경과의
적절한 상호작용을 통해 자극을 수용하고, 자신의 의사를 표현하는
경험을 해 보아 결과적으로 사회성 발달에 도움을 받는다.

둘째, 아동은 꾸미기, 만들기를 통해 자신의 생각을 표현하는 즐거움을 느끼며
구체적이고 현실적인 형태로 결과물이 나왔을 때 즐거움과 기쁨, 성취감을
느끼게 된다. 이는 아동으로 하여금 긍정적인 자아의식을 형성하게 하고

자기표현 및 상호작용에 자신감을 갖게 한다.

셋째, 아동들은 가위로 자르고, 풀로 붙이고, 무엇을 만들고, 주무르고, 그리는 등 미술활동을 통하여 작은 근육운동의 신체발달뿐만 아니라 사고력, 추리력, 문제 해결력, 창의력 등이 발달된다. 이러한 인지적 발달 경험은 또래관계에서 일어날 수 있는 다양한 문제 해결력과 대처에도 도움을 주게 된다.

(7) 독서치료

독서치료는 책을 읽은 후 책 속에서 일어났던 일들에 대한 것을 글이나 말로 표현하는 동안 자신이 가진 문제를 해결하도록 돕는 치료법이다. 독서치료방법은 다른 치료법에 부분적으로 활용되기도 하는데 예를 들어 치료자와 아동 간 라포 형성을 위해 '만남에 관련된 책' 또는 '아동에게 부담되지 않을 책'을 선정하여 글의 내용이나 느낌 등을 나누면서 관계 맺기를 시도할 수 있다.

독서치료에서 치료자는 아동들과 느낌 나누기 과정을 통해 '등장인물 동일시', '카타르시스', '자기 통찰'을 할 수 있도록 돕는다. 이러한 과정들은 아동이 '자기(self) 인지'를 촉진하는 데 도움을 주며, 아동 스스로 자아 성장의 필요를 느끼고 자신의 심리적·행동적 문제에 대해 깨달을 수 있도록 한다. 이 과정에서 아동들이 자신의 문제행동에 대한 통찰이 이뤄지면 독서치료를 종결하게 된다. 독서치료는 짧게 진행되기도 하지만 문제가 심각한 경우나 집단의 경우 회기가 길게 진행되기도 한다. 독서치료는 책을 매개로 저항감 없이 안전하고 쉽게 접근할 수 있는 치료이며, 심리치료뿐만 아니라 일상생활에서 겪고 있는 문제들을 더 잘 이해할 수 있고, 발달과업에 대해 자연스럽게 알려 줄 수 있는, 즉 예방적 차원에서 도와줄 수 있는 치료법이기도 하다.

사회성이 부족한 아동들을 위해 독서치료에서 활용할 수 있는 책들을 연령별, 증상별로 나누어 소개하면 다음과 같다.

① 초등 저학년 아이들에게 활용 가능한 책

1 『사고뭉치 하워드는 귀만 크대요』

하워드 빈코우 글, 수잔 F. 코넬리슨 그림, 정연희 역, 맑은가람.

친구 사이의 관계에서 경청의 중요성에 대해 이해할 수 있는 책.
잘 듣지 않고 장난만 치는 토끼 하워드를 통해 잘 듣는 것의 중요함에 대해 알게 해 준다.

2 『우리는 친구』

앤서니 브라운(삽화가) 저, 장미란 역, 웅진주니어.

우정이란 누군가와 관계를 형성하고 소통이 되는 순간 비로소 진정한 우정이라고 말하고 있다. '올바른 친구 사귀기'의 의미를, 현 사회를 살아가고 있는 어른들에게는 '올바른 소통하기'의 의미를 생각해 볼 기회를 제공한다.

3 『행복한 의자나무』

량 슈린 글·그림, 박지민 옮김.

자기밖에 모르던 나무가 칭찬 한마디로 인해 모두에게 행복을 준다. 나무는 남에게 배푸는 기쁨도 알게 되고, 그 과정에서 얻은 친구들의 도움과 사랑으로 더욱더 크게 자라 모두에게 행복을 주는 나무가 되었다는 내용을 다룬다.

4 『넌 아름다운 친구야』

원유순 글, 김상섭 그림, 푸른책들.

한센병을 앓은 적이 있는 부모를 둔 미감아 문제를 다룬 동화다.
미감아인 미오는 친구 정민이를 통해 미오의 아픔을 위로받고, 우정을 쌓아 나가게 되는 과정의 내용을 갖고 있다.

5 『달라지고 싶나? 말하는 법을 바꿔 봐』

최봉선 글, 민유이 그림, 재미북스.

사람의 마음을 움직이는 대화의 기술을 알려준다. 특히 내가 하고 싶은 말을 제대로 전달하면서도 상대방이 하고 싶은 말을 잘 들어주는 대화법이 알기 쉽게 설명됐다.

② 초등 고학년 아이들에게 활용 가능한 책

1 『너와 나는 정말 다를까?』
　　로라 자페 외 글, 레지 팔러 외 그림, 장석훈 옮김, 푸른숲.

서로를 있는 그대로 인정하고 받아들일 수 있는 마음을 키워 준다.

2 『만약 나라면 어떻게 할까? 사회성 편』
　　산드라 맥레오드 험프리 글, 브라이언 스트라스버그 그림, 정경란 옮김.

아이들에게 스스로를 지킬 수 있는 기준과 잣대를 가질 수 있도록 도와준다. 늘 해 주고 싶었던 말이지만, 기회가 없어서 혹은 방법을 몰라서 할 수 없었던 얘기를 나눌 수 있도록 돕는다.

3 『나를 빛나게 하는 어린이 사회성 기술 시리즈―생각이 중요해, 대화가 즐거워, 행동은 멋지게』
　　김민화 글, 박윤지 그림, 해와나무.

사회생활을 할 때 올바르고 현명하게 판단할 수 있도록 생각과 태도를 길러 준다. 사회성의 진정한 의미와 가치를 새겨 보고, 남들과 더불어 행복하게 살기 위해선 어떻게 해야 하는지 이야기를 통해 알려 준다.

황번레이 저, 전수정 역, 해와나무.

겁쟁이 시험을 통해 벌어지는 일을 다룬 책이다. 겁쟁이 시험이란 높은 곳에서 뛰어내리는 등 위험한 일뿐 아니라, 타인의 것을 몰래 가져오는 등의 나쁜 일로 이루어져 있다. 아이들은 겁쟁이라고 놀림받지 않기 위해 '무모한 용기'를 내는 등 행동을 한다.

클레어 레웰린 글, 마이크 고든 그림, 정유진 옮김, 함께읽는책.

가정, 학교, 이웃에서 일어날 수 있는 다양한 상황을 통해 '서로 돕는 것'이 얼마나 가치 있는 일인지를 알려 주는 책이다.

③ 청소년에게 활용 가능한 책

프레드 프랭클 글, 윤규상 역, 미래M&B.

아이에게 좋은 친구가 얼마나 중요한지는 모두 알고 있지만, 좋은 친구를 사귀기 위해 어떻게 해야 하는지를 알고 있는 사람을 찾기 어렵다. 이 책의 내용은 좋은 친구를 사귈 수 있는 방법을 가르쳐 주는 지침서로 활용할 수 있다.

2 『꽃골 마을과 키다리 아파트』
　　김병규 글, 웅진출판사.

현도와 수호는 각각 아파트와 판자촌에 살지만 서로를 미워하지도, 배척하지도 않으며, 서로의 처지를 이해하고 도우면서 아름다운 우정을 키워 나가는 잔잔한 우정을 갖고 있다.

3 『세상에서 가장 친한 친구』
　　이경혜 저, 푸른나무.

부모님께서 너무 바빠 이름을 짓지 못해 결국 무명이란 이름을 얻게 된 노무명, 세계적으로 유명해지라고 불린 정유명. 이 둘은 같은 반인데 처음엔 티격태격하다 좋아하게 되고 결혼까지 하게 된다는 이야기이다.

4 『닉 부이치치의 허그』
　　닉 부이치치 글, 두란노.

팔다리 없이 태어난 호주 청년 닉 부이치치가 온갖 난관과 장애를 딛고 일어선 경험들을 담은 책이다. 평범한 사람이 누리는 평범한 일상이 가장 부러웠던 스물일곱 살 청년은 신체적 장애로 인해 겪은 아픔과 절망, 그리고 그것을 뛰어넘어 행복을 누리며 있는 그대로를 받아들이는 것을 알려 주는 책이다.

5 『화내지 않는 연습』
　　코이케 류노스케, 21세기 북스.

사람들은 누구나 마음속에 크고 작은 화를 담고 살아간다. 저자는 화는 몸과 마음을 병들게 하고, 인간관계를 힘들게 한다고 말하고 있다. 행복을 파괴하는 부정적인 감정들을 다스려 평온해지는 법을 알려 준다.

6 『소통의 기술』
　　하지현 글, 마루나무.

인간관계와 심리를 알고, 맞장구치는 법, 공감과 경청의 방법, 오픈 마인드, 배려의 법칙, 거짓말과 진실 다루기 등에 대해 기술되어 있다.

7 『멀리 가려면 함께 가라』
　이종선 글, 갤리온.

모두에게 인정받는 사람이 갖추어야 할 '내공'에 관한 이야기를 다루었다.

8 『마음과 마음이 이어질 때』
　고든 맥도날드 글, 두란노.

친구·부부·가족의 친밀한 관계를 발전시키는 방법을 잔잔하고 따뜻하게 들려주는 책이다.

9 『탈무드의 처세술』
　마빈 토케이어 글, 현용수 역, 동아일보사.

겸손함뿐만 아니라 자존심을 버리고 실천할 수 있는 능력도 가르치는 유대인들의 처세술을 다루었다.

10 『청소부 밥』
　레이 힐버트, 토드 홉킨스 글, 신윤경 역, 위즈덤하우스.

겉으로 보기엔 행복할 것 같지만 회사는 경영 위기에 처해 있고, 아내와 아이들과 함께 할 시간조차 없어
불행하다. 이런 그의 앞에 청소부 밥이 나타난다. 밥은 로저와 친구가 되고, 직장생활과 가정생활 모두를
조화롭게 이끄는 삶으로 로저를 안내한다.

정신과 전문의이며, 목사인 알렌 로이가 '우정의 비결'과 '사랑의 비결'이란 두 책을 완역한 합본 책이나. 이 책은 대인관계를 깊게 하는 방법, 친밀감을 개발시키는 원칙, 비틀거리는 우정을 바로 세우는 방법 등을 기록하여 관계 맺는 기술들을 잘 설명해 두었다.

④ 협동성이 부족한 아동이 접근할 수 있는 책

1 『우리, 같이 놀래?』
    대니얼 그리포 글, R. W. 앨리 그림, 노은정 옮김, 비룡소

어울려 놀 줄 모르는 아이들에게 다양한 놀이를 알려 주고, 그 놀이 안에서 친구들과 어울려 노는 방법, 친구들과 어울려 놀 때 느끼는 감정들을 알려 주며 대처하는 방법을 알려 주는 책이다.

2 『누가 나랑 같이 가 주겠니?』
    호세 바예스테로스 글, 오스카 비얀 그림, 배상희 옮김, 베틀북.

흰 토끼가 집을 비운 사이 못된 산양이 집을 차지하게 된다. 이때, 토끼는 동물 친구들에게 "나랑 같이 가 주겠니?" 하며 물어보면 만나는 동물마다 "난 싫어. 무서워서 안 갈래" 하고 줄행랑을 친다. 그런데 작고 힘없는 개미가 도와준다고 하며 못된 산양을 쫓아내고 토끼네 집을 다시 찾아준다.
이 책을 통해 어려울 때, 누군가에게 도움을 청하는 것과 함께 도와 일을 한다면 어떠한 일이든 해결할 수 있다는 것을 알 수 있다.

3 『아씨방 일곱 동무』
    이영경 글, 비룡소

이 이야기는 고대 수필 『규중칠우쟁론기』를 어린아이들에게 맞게 각색한 것이다. 바느질을 좋아하는 아가씨의 일곱 가지 도구(바늘, 실, 고무, 다리미, 가위, 자, 인두)들이 아가씨가 잠든 틈을 타, 서로 자기가 잘났다며 싸우지만, 결국 옷을 만들어 내기 위해서는 모두의 힘이 필요하다는 것을 알려 주는 내용이다.

4 『돌멩이 국』
   존 무스 지음, 이현주 옮김, 달리.

『단추수프』라는 동화와 같은 내용으로 중국을 배경으로 한 동양판이라 생각하면 된다. 스님 세 분이 여행을 하던 중 한 마을에 도착을 했는데, 이웃 간의 왕래도 없고 인심이 흉흉하기만 했다. 그래서 스님들은 돌멩이로 국을 끓인다는 소문을 내 마을 사람 모두를 참여시킨다. 모든 마을 사람들의 도움을 끓인 돌멩이국은 세상에서 가장 맛있었다고 한다. 돌멩이 국은 함께하면 보다 즐겁고 좋은 성과를 얻을 수 있다는 것을 알려 준다.

⑤ 또래 간의 상호작용이 부족한 아동을 위한 책

1 『보자기 잔치』
   장명신 글, 손정현 그림, 지엠.

다람쥐의 말하는 대화체를 통해 다람쥐가 왜 그렇게 인기가 있을까를 살펴볼 수 있다.
다람쥐는 자신만을 내세우지 않고, 다른 친구들의 이야기를 잘 듣고 존중해 주기 때문이다.

2 『울지 말고 말하렴』
   이찬규 글, 최나미 그림, 애플비.

이 책은 아이들이 어려운 상황에 부딪혔을 때, 울기만 하고 표현하지 않으면 아무도 알 수 없다는 것을 아이가 책을 통해 깨닫게 도와주고, 올바르게 의사소통을 할 수 있는 방법을 알려 준다.

⑥ 타인의 이해가 부족한 아동을 위한 책

1 『내 짝궁은 외계인』
정영애 글, 주니어김영사.

반에서 제일 키가 작은 병수는 친구들의 놀림과 따돌림에 힘들어하지만 병수의 부모님조차 병수의 고민을 진심으로 이해하지 못하신다. 어느 날 병수는 엄마가 장 보러 간 사이에 이상하게 생긴 냄비에서 병수의 손바닥보다 더 작은 외계인 친구 '팅팅호이호이'를 만난다. 이때부터 병수는 자신의 고민을 '팅팅호이호이'에게 이야기하며 자신의 고민이 별거 아니라는 것들을 알게 되는 이야기다. 이 이야기를 통해 키 작은 병수의 감정 및 생각을 알게 해 준다.

2 『내게는 소리를 듣지 못하는 여동생이 있습니다』
J. W. 피터슨 글, D. K. 래이 그림, 김서정 옮김, 중앙출판사.

소리를 듣지 못하는 동생을 둔 언니가, 다른 여러 능력들 가운데 소리만 듣지 못할 뿐이라는 것을 알아 가는 과정을 그려낸 책이다.

3 『난 키다리 현주가 좋아』
김혜리 글, 남은미 그림, 시공주니어.

땅꼬마라고 놀림을 받는 승우와, 승우가 좋아하는 키다리 현주의 이야기를 통해 신체적인 차이를 다루며, 전통적인 남녀의 성역할에 대한 고정관념 대신 이해의 폭을 넓혀 줄 수 있는 책이다.

 『돼지책』
　　앤서니 브라운 지음, 허은미 옮김, 웅진닷컴

엄마와의 관계에 대해 살펴볼 수 있는 내용을 담고 있다. 아빠와 아이들은 차려 주는 밥만 먹고 편하게
지내는 반면, 엄마는 집안일을 혼자서 다 하는 것은 물론, 회사까지 다녀야 한다. 그런데 다른 가족들은
엄마의 그런 힘든 마음을 전혀 몰라주다가, 엄마가 집을 나가는 방법을 선택하자 그제야 이해를 하게 된다.
엄마가 집을 나가기 전의 상황, 집을 나간 이유, 다시 돌아왔을 때의 모습들을 비교해 보게 하고 그 차이점을
알게 해줄 수 있다.

 『네 탓이 아니야』
　　최은순 글, 그림 장인옥, 마들.

성폭력 피해자를 향한 삐딱한 시선이 변해야 한다는 생각에서 기획된 동화가 바로 『네 탓이 아니야』이다.
아동 성폭력의 피해자들은 숨어야 하는 대상이 아닌 적절한 치료와 따뜻한 관심이 필요한 대상이다.
우리의 차가운 시선이 어쩌면 그들의 마음에 더 큰 상처를 만들 수도 있다. 이 책은 제인이와 가족들이
희망을 되찾는 과정을 통해 성폭력을 경험한 아동에게 주변 사람들이 어떻게 관심을 갖고 보살펴야
하는지를 보여 준다.

⑦ 한국독서치료학회에서 사회성 발달을 위해 추천하는 책

유아 : 『나랑 같이 놀자』 마리 홀 에츠 글·그림, 시공사.

　　　『외톨이 사자는 친구가 없대요』 나카노 히로카주 글·그림, 한림출판사.

　　　『피터의 편지』 에즈라 잭 키츠 글·그림, 비룡소.

　　　『햄스터 덩이와 고양이 리옹』 박신식 글, 안은진 그림, 파랑새 어린이.

　　　『내 친구 커트니』 존버닝 햄 글·그림, 비룡소.

초등 저학년 : 『나 친구 안 사귈래』 파울 마어 글, 프란츠 비트캄푸 그림, 아이세움.

　　　　　　『웬델과 주말을 보낸다고요?』 케빈 행크스 글·그림, 비룡소.

　　　　　　『내 친구 해리는 아무도 못말려』 수지 클라인 글, 논장.

　　　　　　『친구가 되어줘』 폴리 던바 저, 문정회 역, 애플트리태일즈.

초등 고학년 : 『초대받은 아이들』 황선미 글, 김진이 그림, 웅진닷컴.

　　　　　　『샬롯의 거미줄』 E. B. 화이트 글, 시공사.

　　　　　　『곱슬머리 내 짝꿍』 조성자 글, 이승원 그림, 푸른나무.

　　　　　　『어린이를 위한 자기계발 시리즈 전 18권–배려, 화해, 끈기, 나눔, 자율, 약속,
　　　　　　청소부 밥, 경청』 위즈덤편집하우스

청소년 : 『친구가 따르는 아이 친구를 따라가는 아이』 데일카네기 지음, 공병호 역, 청솔출판사.

　　　　『윔피키드 시리즈』 제프 키니 글·그림, 푸른날개.

　　　　『거북이, 장가보내기』 소중애, 청어람주니어.

　　　　『두 사람』 이보나 흐미엘레프스카, 사계절.

부모 : 『You, Excellent!: 칭찬의 힘』 짐 발라드, 처크 톰킨스, 케네스 블랜차드, 타드 라시나크
21세기북스.
『사랑받는 날에는』 마저리 윌리암스, 분도출판사 .
『아름다운 삶, 사랑 그리고 마무리』 헬렌 니어링, 보리 .
『여자는 차마 말 못하고 남자는 전혀 모르는 것들』 존 그레이, 프리미엄북스.

2. 사회성 문제 해결을 위한 짝치료적 접근

짝치료는 두 명의 아동 및 청소년을 대상으로 실시하는 심리치료이다. 여기
서 '짝'은 집단상담 및 개별상담의 단점을 보완할 수 있는 치료적 그룹이라고
볼 수 있다. 짝치료는 독립적 프로그램으로 실시되기도 하지만, 집단
사회성 프로그램에 참가하기 이전에 사전적으로 진행하거나 개별치료의
단점을 보완하기 위해 실시되는 경우도 있다.

충동 조절을 못 하거나, 산만하고 공격적인 행동과 같은 집단의 흐름을
방해하는 '튀는 아동'들의 경우, 그룹에서는 치료사가 잘못된 행동을 말하지
않아도 집단원들이 튀는 행동을 지적하기 때문에 이러한 아동들은 집단
내에서 자존감의 상처를 받을 수 있으며, 외부에서 수용받지 못한다는 우
울감을 경험하게 되기도 한다. 이때 짝치료를 진행하여 부정적인 피드백
경험을 최대한 줄이면서 아동에게 필요한 사회기술을 훈련시키는 방법을
사용하면 보다 효과적으로 필요한 사회기술을 습득하도록 할 수 있다. 또한,
집단상담에서 자신의 의견을 제대로 표현하지 못하는 아동을 대상으로도
짝치료를 진행할 수 있다. 의사표현에 서툰 아동들은 집단 프로그램에서
회기가 진행될수록 다른 아이들의 행동을 모델링을 하여 자기표현을 조금씩

하기도 하지만, 보다 효율적인 방법을 택하자면 먼저, 짝치료를 통해 그룹에 대한 부담감을 줄이고 점차 성공적 자기표현이 증진되면 집단상담으로 들어가는 것이 좋다. 개별상담에서 치료사와 아동과의 관계에서 자연스런 대화를 통해 문제 해결 방법을 알아갈 수 있지만 또래와의 상호작용을 통해 적절한 사회적 경험을 훈련하는 실제적인 치료는 부족할 수 있다. 이 때 짝치료를 통해 개별상담에서 줄 수 없는 또래사회의 부분적 축소판을 경험하게 할 수 있다.

짝치료는 보통 일주일에 한 번 40~50분 정도 실시된다. 구조화된 짝치료는 내담자의 주 호소문제의 심각성 정도와 짝 구성, 치료실 또는 내담자의 현실적인 여건들을 고려하여 일정 기간의 회기를 진행한다. 경험적으로 볼 때 대개 18회기에서 24회기의 구성이 많다. 비구조화된 짝치료는 종결시점을 아동들과 부모님들, 치료사가 함께 이야기를 나눠 주 호소문제들이 해결되면 종결한다.

짝치료에서 두 명의 구성원은 성, 인지수준, 발달단계 등이 비슷해야 하며, 연령대가 비슷해야 한다. 또한, 내현화 아동(불안, 위축 문제를 가진 아동)과 외현화 아동(산만하고, 공격적이며 충동 조절이 되지 않는 아동)을 같이 묶어 진행을 하는 것이 좋다. 유사한 문제행동을 가진 아동끼리 진행을 할 때, 공통된 문제를 가지고 있기 때문에 서로를 공감하고 배려하는 마음은 크지만 사회적 기술을 촉진시킴이 부족할 수 있다. 짝치료를 통해 효과적으로 사회기술을 습득하고 사회에 대한 이해를 증진시키기 위해서는 치료사와 두 아동 간의 신뢰로움, 안정됨, 그리고 편안한 관계가 선행되어야 하며, 연령에 적합한 사회인지를 습득하게 하여 이를 바탕으로 친사회적인 행동을 형성하도록 도와야 한다.

3. 사회성 문제 해결을 위한 집단치료적 접근

(1) 사회성 집단 프로그램의 장점

아동의 사회성 문제를 해결하는 가장 대표적인 치료방법은 바로 집단치료이다. 치료적 집단을 활용한 사회성 프로그램은 목표로 선정된 정서·인지적 기술의 습득과 이해뿐 아니라 집단 자체에서 오는 상호 호혜적 격려가 큰 이점으로 작용하기 때문이다. Sweeney(1997)은 치료적 놀이집단이 주는 이점을 다음과 같이 설명하였다.

집단치료의 이점(Sweeney, 1997)

1. 집단은 아동에게 자발성을 증진시켜 참여수준을 높여 준다.
2. 아동의 정서는 두 가지 차원, 즉 집단 내 개인으로서의 자기 내적 차원 그리고 치료자 및 집단구성원과의 대인관계적 차원에서 다루어진다.
3. 대리학습(다른 구성원의 행동 모델링)과 감정정화가 가능하다.
4. 또래의 피드백으로부터 자기 성장과 자기 탐색을 위한 기회를 얻는다.
5. 집단 자체가 사회의 축소판이므로 치료적 집단의 경험은 현실세계와 연결된다.
6. 반복과 환상에 고착된 아동을 지금—여기(here and now)로 오게 할 수 있다.
7. 일상생활을 위한 연습의 기회를 갖는다.
8. 치료사에게 아동의 현실적 모습을 평가할 수 있는 기회를 준다.
9. 치료사와 다른 아동과의 관계를 관찰하는 과정은 관계에 대한 불안을 감소시키고 치료적 관계의 발달을 돕기도 한다.

(2) 성공적인 사회성 집단 프로그램을 위한 조건

사회성 치료방법 중 집단 프로그램은 어떤 아이들에게 적합할까? 사회성 문제를 보이는 아동들은 모두 집단 프로그램에 참여하는 것이 바람직할까?

'사회적 관계 추구' 능력이 갖춰진 아동들, 즉 또래에 의해 수용받고 싶은 욕구가 있고, 그리고 집단에서 주목받고 지위를 유지하고 싶은 소망이 있는 아동들은 사회성 문제를 해결하기 위한 집단을 선별하는 데 기본적 조건을 갖춘 아동들이다(Ginott, 1975). 그러나 심각하게 경쟁적이거나 공격적인 아동, 성(性)적으로 부적합한 행동을 하는 아동, 모-아 애착관계가 취약한 아동, 사회병리적인 아동, 심하게 취약한 자기상을 가진 아동들은 집단 프로 그램에 적합하지 않다(Ginott, 1961).

집단 프로그램의 성공을 위해서는 집단의 크기를 고려할 필요가 있다. 일반적으로 연령이 어릴수록 집단의 크기를 작게 하는 것이 좋으며, 집단 프로그램의 이론적 배경은 집단의 크기에 영향을 줄 것이다. 집단의 균형도 중요한데 성별이나 사회성 문제의 종류(예를 들어, 지나치게 자기주장적이거나 지나치게 사교적인 아동들 vs 위축된 아동들)에 따른 균형을 유지하는 것이 좋다.

집단 회기는 대부분의 연구에서 최소 10회기가 필요하다고 보고하는데(Guamer, 1984) 집단 프로그램을 실시하는 기관(병원, 학교, 사설 상담센터, 복지관 등)에 따라 달라질 수 있다. 한 회기당 시간은 초등 저학년의 경우 20~40분 정도가 적당하고 청소년의 경우 한 시간 남짓이 효과적이다. 임상 현장에서 1주일에 한 번 프로그램을 실시하는 경우가 많으나 주 2~5회의 만남을 갖는 집중적인 단기 집단들이 효과적일 때도 있다.

사회성 집단 프로그램에서는 무엇보다도 집단을 통제(control)하고 조정(manage) 할 수 있는 치료자의 역량이 중요하다. 물론 집단의 이론적 배경에 따라 치료자의 역할이 다르기는 하지만 집단의 역동을 다룰 만한 보다 숙련된 치료사로서의 깊이가 필요하다. 치료사의 반응은 기본적으로 구성원들 간에 균형을 유지시키는 것으로 해야 한다. 다시 말해 적극적이거나 요구적인 아동에게만 초점을 두거나 말수가 적거나 소극적인 아동들에게 소홀하지 않도록 유의해야 한다. 치료적 반응은 침범적이지 않아야 하고 아동의 이름을 언급해 주어야 한다(Sweeney, Homeyer, 1999). 집단에서의 제한 설정 역시 프로그램의 성공을 위해 중요하다. 치료적 집단에서 아동은 치료사에게서뿐 아니라 다른 집단구성원들에 의해서도 제한 설정을 경험하는 것이 특징인데 이는 아동의 사회성 문제 해결을 위해 매우 중요한 역할을 한다.

치료실의 제한 설정에 대한 이론적 근거 (Lendreth, Sweeney, 1997)

· 제한은 치료적 관계의 경계들을 명확히 한다.
· 제한은 아동에게 신체적·정서적으로 보호와 안전을 제공해 준다.
· 제한은 아동에게 안전을 제공하려는 치료자의 의도를 보여 준다.
· 제한은 그 회기가 현실과 연결되도록 해 준다.
· 제한은 아동이 타인이나 사물에게 해를 가한 후 보복당할까 봐 두려워하게 만드는 대신 부정적인 감정을 안전하게 표현하게 한다.
· 제한은 안전성과 일관성을 제공한다.
· 제한은 아동의 자기 책임과 자기 조절감을 증진시키고 향상시킨다.
· 제한은 놀이치료실을 보호한다.
· 제한은 법적·윤리적·전문적 규준을 준수하게 한다.

출처: 집단놀이치료 핸드북(2009), 시그마프레스.

 사회성이 부족한 아이 돕기

(3) 집단놀이치료 프로그램의 이론적 배경

사회성 문제를 보이는 아동들을 위한 집단 프로그램의 이론적 배경을 알아보기 위해서 본서의 저자들은 1998년에서 2009년까지 우리나라의 학회지에 게재된 사회성 프로그램 논문 53편을 분석하였다.

물론 연구와 임상현장 사이에 실질적인 차이가 있을 수 있으나 현재까지의 연구물들을 살펴보는 것은 임상현장의 거울이 될 수 있을 것이라 사료되었기 때문이다. 그 결과 O'Connor(1991)의 구조화된 생태학적 집단놀이치료 모델을 근거로 한 프로그램이 가장 많았고, 집단치료놀이 프로그램, 놀이 기법들을 활용한 프로그램, 집단 게임놀이치료 프로그램, 집단 인지행동 프로그램, 짝치료 프로그램, 아들러 이론을 바탕으로 한 집단 프로그램, 집단 발달 놀이치료 및 아동중심 집단놀이치료 프로그램 순이었다. 집단의 구조화나 치료사의 반응, 치료방법 등은 치료 프로그램의 이론적 배경에 따라 좌우되는 경우가 많으므로 내담 아동들의 주 호소 문제에 따라 집단치료를 계획하고 집단을 선정할 때 가장 먼저 치료사가 취할 치료의 이론적 배경을 검토해 보는 작업이 필요할 것이다.

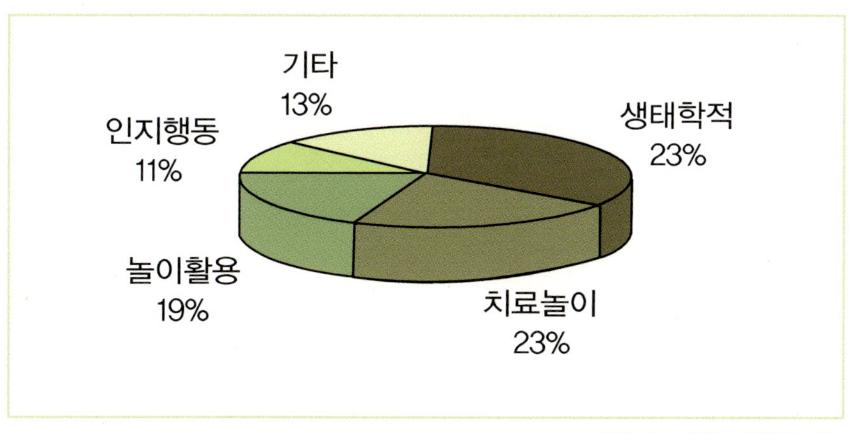

집단프로그램의 이론적 배경

	특징
아동 중심 집단놀이치료	·비구조화된 회기 진행 ·일반적으로 주 1~2회, 한 회기당 30~45분 실시되나 구조는 다소 유동적임. ·내담자는 인간 중심적 집단에서 자유롭게 안전감을 느끼고, 방어가 감소되며, 자기이해와 타인의 관계가 정확해짐. 혼돈과 충돌을 가져오는 집단 안에서 믿음이 발달하며, 감정수준에서 관계가 형성되면 관계가 더욱 발전하고 깊어질 수 있음.
Adler식 집단놀이치료	·비구조화 또는 구조화된 집단(일반적으로 구조화된 회기를 지향하는 경향) ·부모 및 교사의 참여 중시 ·집단 구성: 사회성과 관련하여 더 심각한 수준의 문제를 보이는 아동과 그렇지 않은 아동을 함께 집단에 투입하기도 하며 이들은 잠재적인 '공동치료자'의 역할을 함. 집단 구성은 적극성 vs 수동성, 외향성 vs 내향성, 또래 압박에 대한 민감성 vs 저항성, 억제성 vs 충동성, 높은 사회적 관심 vs 낮은 사회적 관심 등을 고려하여 균형을 유지 ·치료자는 집단구성원의 생활양식에 주의를 기울이며, 핵심적인 Cs를 토의하고, 아동이 협동, 자기 신뢰, 기여, 탄력성 등의 긍정적 목표를 달성하도록 도움.
Jung 집단놀이치료	·개인의 발달 이전에 집단적 규범에 적응력을 발달시켜야 하며 집단 치료는 성장과 치료를 돕는 심리 내적 과정과 대인관계상의 상호작용임. 이는 아동의 내면이 타인에게 투사되고 다시 정보를 재수집하는 영역을 만들어 심리적 지도(map)에 보다 의식적으로 적응하고 다가가게 함. 집단은 아동과 집단 모두가 성장하기 위한 보호적 장소임.
O'Conner의 구조화된 집단생태학적 놀이치료	·구성요소: 집단원들을 인지적(문제 해결 훈련과 해석)·행동적(행동 수정체계)·정서적(정서를 naming하기와 해석)·신체적(이완훈련과 계획된 활동)·사회적 측면(구조화된 활동들)에서 다루는 구성요소들이 포함됨. ·대상: 5~12세 아동들에게 가장 적합. 발달장애 아동이나 성격병리를 가진 아동, 최근에 심리적 상처를 경험한 아동은 구조화된 집단놀이 치료에 적합하지 않음. ·치료자 1명당 참여아동 수가 4~6명을 초과하지 않도록 하며, 2명의 성인치료사가 있을 경우 10명을 초과하지 않도록 하는 것이 좋음. 연령범위는 3년 이내, 사회 경제적 지위나 인종적 배경이 유사한 것이 좋고, 지능지수 차이도 15점 이내인 것이 최선임. 남녀아의 혼합 정도나 대상 아동 연령, 집단 유형은 치료 목표에 따라 달라질 수 있음.

	· 치료사는 집단구성원의 정서 상태 및 발달수준에 맞는 활동을 선정하고 각 회기의 집단 목표와 치료계획을 선정하며 회기안의 구조를 유지하고, 기본규칙을 준수하도록 하는 역할을 해야 함.
집단 발달 놀이치료	· 아동과 성인조력자의 '일대일 놀이(30분)', 아동과 성인 조력자가 한 집단이 되어 전체 그룹이 둘러 앉아 함께하는 집단 활동(Circle Time, 30분)으로 구성 · 성인 조력자는 모임 시작 전 30분 동안 치료사와 만나 준비시간을 가지며, 모임 후에도 치료사와 함께 한 시간 동안 지도회의를 하는 것이 좋음. · 대개 5~7세 아동을 대상으로 6~8명 정도의 아동 수와 성인조력자로 이루어진 집단이 수행됨. · 일대일 놀이는 밀월단계-고통단계-분리와 애정단계-종결준비단계로, 집단 활동은 접촉과 친밀단계-진취적·운동적·신체적 단계-상당단계-상상단계-종결 준비 및 종결단계로 설명됨.
집단 게슈탈트 놀이치료	· 자유롭게 활동하다 토론으로 끝맺기도 하지만 구조화되는 경우가 많음. · 활동은 감정의 표현, 자기에 대한 개념 정의, 자기 강점 증진, 점토, 콜라주, 모래상자, 인형놀이, 음악, 신체운동, 창조적 극화, 은유적 이야기, 판타지, 상상과 같은 투사적 기법이 사용됨. · 집단 회기는 주제가 되는 문제와 상관없이 즐길 수 있는 장이어야 함. 유기체의 건강한 기능(감각, 신체, 감성, 지성)에 관심을 둔 현상학적이며 과정 지향적인 치료임. · 접촉, 접촉-경계 방어(투사, 편향, 반전, 합류, 내사), 저항, 인식과 경험이 주요 치료적 개념임. · 2~12명까지 다양한 집단 크기와 구성이 가능

(4) 사회성 문제 해결을 위한 집단치료의 실제

① 어린 아동들을 위한 아동 중심 집단놀이치료

아동중심 집단놀이치료는 놀이실에서 다른 아동들과 자연스런 상호작용을 통해 기본적으로 다른 아동들뿐만 아니라 자신에 관해 배우는 심리적이고 사회적인 과정이다. 상호작용과정에서 다른 이들의 반응과 행동 속에서 사회적 기술을 자연스럽게 배운다. 아이들 간의 상호작용을 통해 자신의 생각을 이야기하며 상대방에게 수용을 받기도 하고, 상대방을 비난하는 태도나 자기중심적인 말과 행동 등으로 인해 상대에게 무시받기도 한다. 때로는 갈등이 일어나기도 한다. 아동끼리 장난감을 매개로 놀이를 진행하며 그 안에서 서로의 말과 행동을 주고받을 때, 친구가 자신의 의견을 들어주고 수긍해 주는 경험은 말을 하는 아동으로 하여금 힘을 받게 하고, 상대방이 자신의 의견을 무시한다고 하면 '이런 말은 하지 말아야 되는구나'라고 깨달아 자연스러운 '사회적 기술 습득'이 된다. 어린 아동들을 위한 아동 중심 집단놀이치료 과정에 대한 이해를 돕기 위해 간략한 치료적 상호작용의 일부(상담 첫 회기의 일부)를 소개해 보고자 한다.

치료과정 엿보기

· 집단 구성: 7세, 남·여아, 외현적인 문제와 내면적인 사회성 문제를 보이는 아동 혼합
· 아동 특징
  - 경우: 겁이 많고, 낯선 상황에서 쉽게 불안해하며 친구들의 놀이보다는 혼자 놀이를 좋아하는 편임.
  - 호민: 유치원에서 가만히 앉아 있지 못하고, 친구들과 놀고 싶을 때 이야기를 하기보다 친구를 밀친다거나 자기의 이야기만 들어 달라고 하는 등의 태도로 친구관계가 좋지 못함.
  - 지영: 친구들과 어울려 놀고 싶어 하는 욕구는 큰 아이이나 자기중심적인 성향이 강해 친구를 자신이 원하는 대로 끌고 가려고 하고, 친구가 그렇게 해 주지 않으면 자신을 미워한다고 생각함.

첫 회기: 서로를 탐색하는 시간

경우: (놀이장의 자동차 있는 곳에 서 있으며 놀이장에서만 만졌지만, 꺼내지 않았다.)

호민: (로봇 사람을 꺼내 놀이실 바닥에 늘어놓기를 함.)

지영: (경우와 호민이가 하는 것들을 살펴본 후 소꿉놀이를 꺼내 옴.)

치료사: 경우는 자동차를 갖고 놀아도 괜찮을지 망설여지는구나. 여기선, 경우 네가 원하는 대로
　　　장난감을 선택해 놀 수 있어. 호민이는 로봇을 가지고 놀기로 했구나. 지영이는 소꿉놀이를 꺼내
　　　왔고.

→치료사는 아동의 이름들을 호명하며 아동들이 하는 행동을 반영해 줌. 치료사가 아동들의 이름을
　　똑같이 불러 주는 것은 집단 아이들 모두를 바라보고 있다는 것을 알려 주는 것임. 아이들의
　　행동에 대한 치료사의 언어적 반영은 집단원들이 자신 이외에 다른 친구들의 놀이를 살펴보고
　　있음과 다른 친구의 감정을 알 수 있게 하여 치료에 참여한 아동들이 상황에 맞는 행동을 할 수
　　있도록 도와주는 기초가 됨.

- (시간이 지남에 따라 혼자 놀이하던 아동들이 함께 하기 놀이를 함.) -

경우: (호민이가 놀이 하는 곳에 나란히 자동차를 세워 둠.)

호민: (슬그머니 경우가 세워 둔 자동차에 로봇을 태움.)

경우: (호민이만 바라볼 뿐 자신의 차라고 이야기를 하지 못하고 차를 자신의 옆으로 끌어왔다가
　　　다시 돌려놓음.)

치료사: 호민아. 너는 네 옆에 있는 차가 경우의 차라는 것을 잊었나 보다. 경우는 너의 차인데
　　　호민이가 로봇을 태운 것에 가지고 와야 하나 말아야 하나 고민 중이구나.

→치료사는 아동의 행동이 적절하지 않은 것에 대해 이야기해 주며 아동의 행동에 제한을 함.

호민: 나 이 차 필요해.

경우: (아무 말 없이 가만히 있음.)

치료사: 호민이가 차가 필요했구나. 그러면 경우가 자신이 갖고 놀던 차가 없어져 지금 어떻게 할지
　　　　고민 중인데 호민이가 경우한테 "이 차 가지고 놀아도 돼?"라고 물어보는 건 어떨까?
→치료사는 아동의 말과 행동을 있는 그대로 반영해 줌과 수용 가능한 대안을 제시하면서 비난
　없이 집단에 끼어드는 방법으로 아동이 선택하도록 생각하고 도와줌.

지영: (음식들을 식탁에 차린 뒤) 이거 먹을 분 어디 없나요?
호민: (자동차에 로봇을 태우고, 지영이 식탁에 감.) 나도 먹을래요.
지영: 그래 먹으세요. 로봇도 음식을 먹나요?
호민: 그럼요. 앤 에너지가 필요하기 때문에 음식을 많이 먹어야 돼요.

사례 엿보기 - 지연이의 사회적 성장

초등학교 1학년인 지연이는 친구들이 들었을 때 기분 나쁜 이야기를 서슴없이 한다거나
친구들의 감정을 잘 보지 못한다. 친구가 선생님한테 혼나 기분이 나쁜 상태인데 친구의
목을 와락 껴안아 친구의 마음을 상하게 한 적도 있다. 이렇듯 지연이는 상황에 맞지 않는
말과 행동으로 인하여 친구들에게 비난과 부정적인 반응을 자주 받았고, 이를 자신의
방식으로 해석하여 친구들과 말다툼을 하는 경우도 많았다. 최근에는 또래관계에 대해
스트레스를 많이 받게 되어 손톱을 뜯거나 화장실을 자주 가는 등의 불안한 모습을 보였다.
지연이에 대한 이해를 위해 초기 발달과정을 살펴보았다. 지연이는 어렸을 때부터
까다로운 기질에 낯가림도 심해서 24개월까지 집에 낯선 사람이 오지 못하였으며,
잠깐이라도 방문을 닫아 엄마가 보이지 않으면 심하게 울었다고 한다. 생후 7개월까지 밤에

2시간 이상을 자지 않아 엄마가 밤에 아이를 달래느라 매우 힘들었다. 유치원을 처음 갔을 때는 적응하는 데 2달 이상이 걸렸으며, 친구가 한 명밖에 없었다고 한다. 그리고 만약 그 친구가 다른 친구랑 놀면 친구 없이 혼자 놀이를 했다. 학교에 입학하고 나서 지연이 엄마는 어머니회 임원으로 활동하는 등 학교 일에 적극 참여하면서, 같은 반 부모님들과 아이들 사이에 지연이에 대한 부정적인 이야기가 나오지 않도록 노력했다고 한다.

지연이가 처음 집단놀이치료에 참여했을 때는 어색해함에 쭈뼛대는 모습이 눈에 띄었다. 한두 가지 장난감만 가지고 놀면서 친구들의 놀이를 곁눈질로만 바라보기도 했다. 시간이 지나면서 친구들의 놀이 속에 조금씩 끼어들었지만 다른 아이가 놀고 있는 장난감을 가지고 간다거나, 집단 친구가 무언가 빌려 달라고 하면 "귀찮아"라고 말하는 등 상황에 맞지 않는 말을 하기도 했다. 치료사는 지연이의 행동을 반영해 주며 자신의 행동을 객관화하면서 바라볼 수 있게 도와주었다. 또한 적절한 제한 설정을 하여 다른 집단원들에게 피해를 주지 않기 위한 행동을 알려 주었다. 치료사는 다른 집단원들의 행동과 감정을 반영해 주기도 했다. 회기가 지나면서 지연이는 친구들의 생각을 알아차리고 상황에 맞는 적절한 언어 사용을 하는 횟수가 증가하였고, 집단 안에서 수용하는 방법으로 자기를 표현하는 일도 점차적으로 증가하게 되었다.

② 집단미술치료

미술활동이 집단으로 이루어질 때, 집단구성원의 자아체계와 정서적 특성을 강화시키고 사회 참여 능력을 높일 수 있다. 집단미술치료는 집단원들이 동일한 주제를 가지고 그림을 그리거나 협동 작업을 통하여 공동체 의식을 갖게 하며, 내면의 어려움이 자신만의 것이 아님을 알게 하고, 서로가 주는 피드백은 개인치료에서 기대할 수 없었던 새로운 효과를 거두게 한다.

• 그리기와 색칠하기 활동

종이, 크레용, 색연필, 물감, 파스텔 등 친숙한 도구들을 이용한 그리기와 칠하기 활동은 자기표현을 증진시키고, 집단에 적응할 수 있도록 도움을 주며 긴장을 이완시킨다. 친숙한 매체를 통한 이완활동, 유도된 상상기법, 음악을 듣고 그리기로 표현하기 등 구조화된 활동을 진행시켜 집단에 대한 동기를 갖게 하거나 집단원들이 서로 친해지도록 도울 수 있다.

• 점토와 고무찰흙, 클레이, 플레이도우 등의 활동

점토와 고무찰흙은 손으로 만지고 누르는 등의 활동을 통해 촉감을 자극시킨다. Oaklander(1988)는 정서를 인식하고 표현하는 데 어려움이 있는 사람들은 감각을 접촉하지 않는다고 하였다.

점토의 감촉은 정서의 인식과 표현을 촉진시킬 수 있는 감각적 자극을 제공하며 아동들이 불안감을 감소시키는 효과를 준다.

아동들로 하여금 점토로 어떤 것들을 만들게 한 뒤 상대방에게 자신이 만든 물건을 팔게 하기, 자기표현을 하는 도구로 활용하기, 상대방의 물건(점토로 만든)을 사며 상대방의 물건에 담긴 감정과 생각을 이해하기 등과 같은 구조화된 활동은 또래와 관계 맺기를 배우게 하고, 이 과정에서 받는 촉감 자극을 통해 또래관계에서 오는 스트레스를 해소시킬 수 있다.

집단미술치료 과정에 이해를 돕기 위해 간략한 치료적 상호작용의 일부를 소개해 보고자 한다.

이어그리기

준비물: 도화지, 색연필, 크레파스 등(그림 그릴 수 있는 도구들)

방법

1) 각자 자신의 도화지에 그림을 그린다(2분 정도).

2) 시간이 되면 자신의 오른쪽(또는 왼쪽)으로 도화지를 전달한다. 받은 도화지에 전 사람이 그렸던 그림을 이어 그리거나 덧붙여 그린다.

3) 그림을 전달한 뒤 마지막에 내 그림이 나한테 오면 멈춘다.

4) 각자 받은 그림을 보며 감상한 후, 처음 자신의 어떤 그림을 그리려고 했는지, 자신이 의도한 대로 그림이 됐는지, 아니면 다르게 되었는지, 마음에 드는지, 안 드는지에 대해 이야기를 나눈다.

효과

1) 타인의 감정이나 의도를 인식하는 데 도움이 된다.

2) 타인을 존중할 수 있다.

치료사: 우리가 오늘 동그랗게 앉은 건 함께 그림을 그리기 위해서야. 선생님이 각자에게 도화지를 한 장씩 나눠 줄 텐데. 종이에 그림을 그리는 시간은 2분을 줄 거야. 2분 동안 내가 그리고 싶은 것을 그린 후 2분의 시간이 지난 후에는 내 옆, 그러니까 내 오른쪽에 있는 사람에게 내가 그린 도화지를 줄 거야. 그럼, 그 도화지를 받은 사람은 앞에 친구가 그린 그림 뒤에 이어 그리거나 내가 그리고 싶은 그림을 그릴 거야. 이때, 친구의 도화지에 내가 그리고 싶은 것을 그려도 되고, 그 그림에 어울리는 그림을 그려도 돼. 너희가 원하는 대로 그릴 수 있어. 렇게 해서 우리 네 명이서 한 장의 그림을 완성해 볼 거야.

나영: 이 작은 도화지에 어떻게 네 명이서 그려요.

치료사: 나영이는 종이가 작다고 생각됐구나. 어떻게 하면 이 종이에 우리 네 명이서 그림을
다 그릴 수 있을까?

(중간생략)

치료사: (2분이 지난 후에) 자신의 오른쪽에 있는 사람에게 내 그림을 전달하자. 친구의
그림을 받은 친구는 그 그림을 이어 그려 보는 거야.
수영 (자신의 그림을 영호에게 준 수영은 그림을 그리지 못하고, 영호가 어떤 그림을
그리는지 관찰함) 야. 난 거기에 그런 거 그릴 생각이 없었는데. 선생님 얘가 제 나무
옆에 로봇 그려요.
치료사: 수영이는 자신의 도화지에 영호가 뭘 그리는지 궁금하구나.

☞이어그리기 활동은 집단 내 상호작용을 활성화시킬 수 있으므로 내성적이거나
위축되어 사회성이 부족한 아동들을 집단으로 참여시킬 수 있는 활동이다.

🐦🐥 치료과정 엿보기

· 자기주장을 하지 못하던 은지의 집단미술치료 초기와 중기에서의 변화

초등학교 6학년인 은지는 집안의 둘째로 위에는 오빠와 아래는 남동생이 있는 아이다. 은지는 집
안에서 부모를 괴롭히지 않는 순하고 착한 딸이다. 그렇지만 학교에서는 아이들과 어울리는 것을
힘들어하는데 친구들이 다가오면 피하고, 선생님만 따라다녔다. 5학년 때 같은 반 친구가 돈을 집에서
가지고 오라고 하자 그렇게 하였고, 엄마에게는 갑자기 준비물이 필요해 가지고 갔다고 이야기했다. 그
뒤로는 친구들을 더 멀리하고, 학교에서 자주 조퇴하는 등의 모습을 보였다. 은지 엄마는 남편의 잦은
해외 출장으로 혼자 양육을 감당해야 했기에 많은 스트레스를 받았으며, 은지를 임신했을 당시에도
큰아이의 양육에 많이 지쳐 있었다.

은지는 순하고 얌전한 편이어서, 먹을 것만 잘 주면 보채지 않고, 기저귀가 흥건하게 젖어도 울지 않았다고 한다.

자연스레 엄마는 은지보다 오빠에게 더 많은 신경을 썼고, 은지가 세 살 되던 해에 남동생을 낳았다. 남동생은 은지와 다르게 밤에도 잠을 잘 자지 않고, 조금만 불편함이 있으면 우는 까다로운 기질의 아이어서 엄마를 힘들게 했다. 그 덕에 엄마는 늘 오빠와 동생의 차지였다. 다섯 살 되던 해에 유치원을 갔는데 친구들에게 뭐든지 양보해 버리고, 선생님만 졸졸 쫓아다니며 몇 명의 친구들하고만 어울려 다녔다. 늘 양보 잘하고, 선생님 말을 잘 듣는 착한 아이라는 평가에 엄마는 아무 걱정 없이 은지를 학교에 보냈다. 학교에서 은지는 친구들이 자신을 밀치고 때렸는데도, 엄마나 선생님에게 전혀 표현하지 않아 어른들은 은지가 적응에 어려움을 보인다고 생각하지 못했다.

또래관계 문제 때문에 집단미술치료에 참여한 은지는 초기 회기에 익숙한 도구를 가지고 활동을 함에도 긴장하고 불안해했다. 집단원들이 어떤 물건이 필요하다고 하면 은지는 자신이 쓰고 있는 중에도 불구하고 빌려 주는 등 자기의 의사를 드러내지 못하였다. 치료 초기에는 비구조화된 이어그리기부터 구조화된 이어그리기(주제를 갖고 한 가지 그림을 그리게 한다거나 한 가지 미술용품을 통해 표현하도록 하는 방법)를 통해 집단원들이 각자를 드러내며, 친밀감을 쌓도록 하는 활동을 하였다. 치료사는 은지가 스스로 자신의 감정과 생각을 드러내도록 도왔다. 치료 초반에는 친구들이 원하는 행동만 하였던 은지이지만 중기부터 자신의 표현을 조금씩 하기 시작했고, 올바른 행동과 올바르지 않은 행동을 구분하며 사회적인 규칙에 적응해 가고 있었다. 치료 초기 점토활동에서는 찰흙이 지저분하다며 만지지 않았지만 중기 이후부터는 찰흙을 서슴없이 만지는 등의 감각자극에 이완된 모습을 보이기 시작했다.

③ 사회기술 향상 프로그램

사회적 기술 향상 프로그램은 사회적 관계의 지식 부족으로 인해 또래 관계에 어려움을 겪는 아동을 대상으로 진행되는 프로그램이다.

사회적 관계에서 보이는 문제행동을 감소시키기 위한 목적으로 관계 맺기 기술(놀이에 참여하기, 좋은 친구 되기 기술 등), 대화기술, 갈등 및 문제 해결 기술(결과를 기분 좋게 받아들이기, 예의바르게 주장하기, 친구의 괴롭힘 대처하기, 나쁜 감정 다루기) 등을 반복적으로 연습한다.

효과적인 진행을 위해서는 모델링, 역할극, 놀이나 게임을 활용해 사회
기술이 체계적으로 습득될 수 있도록 돕는다. 사회적 기술 향상 프로그램은
아동들의 개별적 정서 및 심리 문제 해결보다는 '기술'을 습득시키는 데 목적이
있으므로, 정서문제가 심각한 아동이라면 이를 먼저 해결한 후 참여하는 것이
바람직하다.

회기	제목	회기별 활동방법	과제
1	우리 친구해요!	·자기소개 ·친구 찾기 ·집단규칙 정하기 ·풍선을 통해 보고, 듣고, 느끼기 ·풍선 나르기	성과 이름 구별하기: 가족 이름 알아오기 (종이에 우리 가족 그려 오기)
2	나는요~	·특별한 인사 ·내 짝은요~ ·가족에 대해 소개하기 ·눈 가리고 내 짝 찾기 ·블록 가지고 같이 모양 맞추기	
3	예의 바르게 행동해요! 1	·신문지 옷 만들기 ·길 따라가기 ·퍼즐 맞추기 ·예의 바르게 행동해요!	
4	예의 바르게 행동해요! 2	·신체 그리기 ·신체 이동하기 ·동서남북(지시 따르기)	집에 가서 동서남북 해 보기
5	하나 되기 (함께하기)	·하나 되기 ·그림 보고 전한 대로 그리기 ·전화놀이 ·가게놀이	전화놀이 하기

6	나의 장점과 단점	·기차 만들기 ·다 함께 기차 타기 ·나의 좋은 점과 나쁜 점 ·병원놀이	
7	나의 하루 보고하기	·간지럼 참기 ·꼬리 떼기 ·하루 일과에 관해 이야기하기 ·경찰놀이	그림일기 써 오기
8	원인–결과 1	·노 젓기 놀이 ·바다여행 ·문제 해결장면 보고 '어떻게' 질문하기 ·술래잡기	원인–결과에 관한 치료사가 준 과제 해 오기!
9	원인–결과 2	·아기놀이 ·내 짝을 찾아라 ·책을 같이 보고 그림 순서대로 연결 ·숨바꼭질	원인·결과에 관한 치료사가 준 과제 해 오기!
10	원인–결과 3	·'○○ 되어 보기' ·우리는 어린이 음악대 ·시간 순서대로 연결 ·'왜 그럴까?' ·술래잡기	원인–결과에 관한 치료사가 준 과제 해 오기!
11	원인–결과 4	·쿠키 만들기 ·핑거 페인팅 ·'만약에~'란 이야기 만들기	원인–결과에 관한 치료사가 준 과제 해 오기!
12	문제 해결하기	·가라사대 ·상처 치료하기 ·요술융단 ·문제 해결하기 ·인형 목욕시키기	아동이 싫어하는 것에 대해 엄마랑 같이 적어 오기
13	변화 견디기 및 경험하기	·둘이서 한 몸 ·보물찾기 ·변화 견디기/ 경험하기 ·내가 싫은 것은?	

14	타협하기	·색깔 찾기 ·전달하기 ·타협하기: 친구들·형제들과 　타협하기	
15	타협하기	·신체 본뜨기 ·우리는 요리사 ·타협하기: 어른들과 타협하기	
16	파티	·나의 소개 ·우리 가족 이야기 ·친구 이야기 ·편지쓰기	

④ 또래관계 개선 프로그램

또래관계에 어려움이 있는 아동을 중재하는 프로그램은 다양하게 제시되고 있다. 관계 개선 프로그램의 핵심은 의사소통 기술이다.

초등학교 저학년 아동들에게 제시할 수 있는 사회기술에는 <표 23>과 같은 것들이 있다(안동현·김세실·한은선, 2004).

사회 안에서 말을 하지 않고 살아갈 수 없다. 또한 내 생각이나 감정은 말로 표현하지 않으면 다른 사람이 알아차릴 수가 없다. '말 한 마디에 천 냥 빚을 갚는다'라는 속담처럼 말을 어떻게 하느냐는 관계를 형성하고 유지하는 데 핵심적인 역할을 한다. 즉 의사소통은 친밀한 인간관계를 형성하고 유지하는 데 중요한 기술이다.

· 친구와 어울리는 방법	· 좋은 놀이친구 되는 방법
1. 아이들을 가까이서 지켜본다. 2. 아이들을 칭찬해 준다. 3. 놀이가 잠깐 멈춰질 때를 기다린다. 4. 같이 놀아도 되는지 물어본다. 5. 끼워 주지 않으면 그냥 다른 데로 간다.	1. 절대 까불지 않는다. 2. 규칙은 반드시 지킨다. 3. 자기 차례가 아니면 나서지 않는다. 4. 말싸움을 하지 않는다. 5. 다른 아이들을 칭찬한다.
· 결과를 기분 좋게 받아들이는 방법	· 친구와 이야기하는 방법
1. 흥분하지 말고 침착하게 행동한다. 2. 규칙과 지시를 따른다. 3. 편안한 얼굴표정을 짓는다. 4. 공손하게 이야기한다. 5. 하던 놀이를 계속한다.	1. 말하는 아이의 눈을 쳐다본다. 2. 열심히 듣는다. 3. 이야기 중간에 끼어들지 않는다. 4. 질문을 한다. 5. 상관없는 말은 하지 않는다.
· 나의 생각을 이야기하는 방법	· 친구들의 괴롭힘에 대처하는 방법
1. 마음속으로 '다섯'까지 센다. 2. 상대방의 눈을 쳐다보고 이야기한다. 3. 짜증을 내지 않는다. 4. 또박또박 이야기한다. 5. 편안한 얼굴표정을 짓는다.	1. 친구가 놀릴 때 대꾸하지 않는다. 2. 친구가 놀릴 때 모른 척한다. 3. 편안한 자세로 앉는다. 4. 편안한 얼굴표정을 짓는다. 5. 침착하게 하고 있던 일을 계속한다.
· 문제 해결하는 단계	· 나쁜 기분이 들 때
1. 잠깐만! 2. 무슨 일이 일어났지? 3. 나는 어떻게 해야 할까? 4. 그래, 그렇게 해 보자. 5. 다른 방법으로 해 보자.	1. 마음속으로 '다섯'을 센다. 2. "난 괜찮아"라고 이야기한다. 3. 왜 이런 기분이 드는지 생각한다. 4. 기분 좋은 일을 상상한다. 5. 다른 사람에게 이야기한다.

또래관계 개선 프로그램에서는 예의 바르게 주장하기, 갈등상황 해결하기, 타협하기 등을 통해 또래관계를 안정적으로 이끌어 갈 수 있는 기술을 가르치고, 집단 내에서 상대의 이야기에 주의 기울이기(경청하기), 칭찬하기, 친구 마음 공감하기 등 기술을 체계적으로 가르친다.

또래관계 개선 프로그램에 참여하는 아동들은 대다수가 교실 상황에 적응하지 못하고, 친구가 별로 없거나 몇몇의 소수 아이들과만 관계하고, 인기가 없어 쉬는 시간에 조용히, 멍하게 있거나, 친구들의 놀이에 끼어들기를 하는 방법을 몰라 무작정 끼어들어 친구들의 원성을 산다거나 하는 등 문제를 가지고 있다.

이들은 외로움과 우울, 불안과 같은 정서문제 혹은 공격성 같은 행동 문제를 갖고 있기도 하다. 구체적인 기술 익히기는 사회기술 향상 프로그램과 유사하나 사회기술 프로그램이 '기술의 습득'에 일차적 목적을 두고 있다면 또래관계 개선 프로그램은 '습득한 기술의 활용 및 적용', 즉 실제적인 또래관계의 역동을 다루는 데 목적을 둔다.

• 또래관계 개선 프로그램의 예

<친구야, 함께 가자>

1	친구와 친해지기/규칙 정하기	·친구들과 신뢰감을 쌓고 친밀감을 형성한다. ·함께 규칙을 정하고 나누어 만들어 봄으로써 함께 함의 즐거움을 이해한다.
	1. 각 자 집단에서 불려지고 싶은 별칭을 짓기 2. 별칭을 각 자 소개한 후, '아이엠 그라운드' 게임을 통해 별칭을 기억하기 3. 우리가 함께 지켜야 하는 규칙판을 만들기 4. 규칙을 이해하고 앞으로 우리의 계획을 이야기 하기	
2	나는 누구일까요?	·게임을 통해 집단원 각자 충분히 이완시킨다. ·게임을 통해 또래놀이에서 필수적인 규칙을 알아보고, 익히도록 한다. ·자신의 감정을 인식하고 상대방의 감정들에 대해 이해하도록 한다.

	1. warming up: 우노게임, 풍선 배드민턴 2. 규칙 배우기 　· 친구들끼리 놀이 알아보기/ (video 자료) 친구들 사이에서 일어난 일/친구들 사이에서 　　지켜야 할 규칙 3. 감정은 어떤 것들이 있을까? 4. 나는 누구일까요? 　· 내가 제일 좋아하는 감정, 내가 제일 싫어하는 감정 등에 대해 이야기 나누기	
3	잘 들어보아요(경청)	· 경청의 중요성을 이해한다.
	1. 한 주 동안 지낸 이야기 및 숙제발표 2. 경청이란? 　· 주인공들의 이야기 듣는 자세에 대해 이야기 나누기(video 자료 · 친구들끼리 이야기 하는 　　장면) 3. 좋은 대화 듣는 자세	
4	말 못하는 아이, 말 잘하는 아이	· 상대에게 이야기를 효과적으로 전달하는 방법에 대해 익힌다. · 자기 주장의 필요성을 이해하고 적극적인 자기 주장 방법을 익힌다.
	1. 지난 주 과제 복습 및 한 주 동안 지낸 이야기 2. (video 자료) 말하는 기술이 있네요. 　· 주장적, 소극적, 공격적으로 이야기 하는 사람을 관찰한 후 이야기 나누기 3. 난 어떤 유형일까요?	
5	꿈을 파는 가게	· 친구들과 의사소통하는 데 필요한 기술들을 활용 해 보고 익혀보도록 한다. · 함께하는 가운데서 협동하고, 규칙을 지키는 것을 익히도록 한다.
	1. 지난 복습 및 한 주동안 지낸 이야기 2. (신문지) 함께 눈사람 만들기 3. 꿈을 파는 가게 　· 각자 가게를 하는 주인이라고 하고, 손님들에게 자신의 가게의 물건을 파는 시간을 갖기	

6	협동 집 만들기	·협동을 통해 함께하기의 즐거움을 알아본다. ·타인의 의견을 존중하며 나의 의사를 이야기 하는 법을 연습해 본다.
	1. 복습 및 한 주 동안 지낸 이야기 2. 협동 집 만들기 – 둘씩 짝을 지어 함께 재료(과자, 수수깡, 콘에어 등 재료 제시 후)를 선택하여 집 만들기 3. 집을 소개 합니다 – 집을 만든 조원끼리 나와 자신의 집을 소개하기	
7	협동 샌드위치 만들기	·타인의 의견을 존중하며 나의 의사를 이야기 하는 법을 연습해 본다.
	1. 복습 및 한 주 동안 지낸 이야기 2. 협동 샌드위치 – 함께 회의하여 어떤 재료로 어떤 샌드위치를 만들 것인지 결정 후 만들기	
8	친구를 자랑합니다	·친구의 좋은 점을 찾는 방법을 알아본 후, 칭찬 하는 법을 배워본다.

	1. 복습 및 한 주 동안 지낸 이야기
	2. 집단원들 모두를 칭찬 해 보기
	  ·칭찬 종이에 먼저 작성하기
	  ·칭찬 sheet에 작성한 것들을 직접 말로 전달하기
	3. 칭찬을 받았을 때 기분에 대해 토의하기	

9	갈등 이젠, 넌 해결됐어!	·함께 협동하며 타인과의 상호작용에 대한 인지적 기술을 증진하고, 타인의 문제해결을 관찰한다.

	1. 복습 및 한 주 동안 지낸 이야기
	2. 함께하기란?
	  ·함께하며 힘들었던 일, 좋았던 일에 대해 토의하기
	  ·갈등해결하기 및 타협하는 방법 알아보기	

10	자유게임과 졸업파티	·또래관계 개선 프로그램에서 배웠던 기술을 게임을 통해 일반화 시키도록 한다.

	1. 복습 및 한 주 동안 지낸 이야기
	2. 자유놀이게임
	3. 졸업파티
	  ·졸업장 수여식
	  ·각자 준비한 졸업파티 음식을 나눠먹기	

* 또래관계개선 프로그램 실시 전, 실시 후 가정에서의 지도 방안에 대해서 설명하고, 정리하도록 한다.

⑤ 자기 조절 프로그램

자기 조절이란 사회화 과정 중에 자신에게 주어진 환경의 요구에 적절히 대처해 나가며 사회적으로 적합한 행동을 인식하고, 그에 따른 행동에 책임을 질 수 있는 능력을 의미한다. 자기 조절이 되지 않았을 때 아동들은 주어진 환경이 원활하지 않다고 비관하고 환경과 소통하지 않으면서 혼자 지내거나 혹은 비현실적인 인터넷 세상에 빠지기도 하고, 다른 사람에게 분노 폭발하거나 공격적인 행동을 보일 수 있다.

이들의 사회성 증진을 위해서는 먼저 개별심리치료를 통해 자신의 정서적 핵심 문제를 해결하고, 이후에 자기 조절 프로그램에 참여해 스스로 행동을 적절히 조절할 수 있도록 돕는 방법을 사용할 수 있다.

자기 조절 프로그램은 대개 분노 폭발하거나, 공격적 행동 등을 과도하게 하는 아동들을 대상으로 구성한다. 연령은 동일연령에서부터 1~2살 정도 차이 나는 아동들을 함께 묶기도 한다. 이때 성별이나 자기 조절 행동 수준에 차이가 있는 아동들을 묶으면 집단 내에서 모델링 역할을 할 수 있는 기회가 많아진다.

활동 내용은 자기 지시적 수행, 대리 경험, 이완 훈련, 설득제안, 해석적 지지, 성취경험, 모델링을 통한 지지, 자기 평가 등 기술이 포함되고 반복적으로 연습하며, 자기의 행동을 인식·관찰할 수 있도록 구성한다.

〈감정 다스리기〉

1	친구와 친해지기/규칙 정하기	·친구들과 신뢰감을 쌓고 진밀감을 형성한다
	1. 각자 집단에서 불려지고 싶은 별칭을 짓기 2. 집단 참여하게 된 동기 및 앞으로의 계획에 대해 이야기 나누기 3. 분노에 대한 과거 경험나누기	
2	화, 너는 누구니?	·자신에게 나타나는 분노의 증상을 명확히 이해한다. ·화가 났을 때 분노 감소 기법을 배워본다..
	1. 한 주 동안 지낸 이야기 ·한 주 동안 갈등상황 및 화를 냈던 상황이 있는지에 대한 경험 나누기 2. 화가 났을 때, 나는 어떻게 변하는지? 3. 화가 났을 때, 화를 다룰 수 있는 나만의 감소 기법 익혀보기 ·치료사가 심상법, 호흡법 등을 집단원들에게 알려준다	
3	화. 내가 조절해 주겠어	·올바르게 화를 내는 방법에 대해 알아본다. ·화가 났을 때, 조절할 수 있는 방법을 생각해 본다.
	1. 한 주 동안 지낸 이야기 ·갈등 상황 및 화를 내야되는 상황에서 지난 주에 만들었던 나만의 감소기법을 사용한 것에 대해 경험 나누기 2. '난 무엇 때문에 화가 났지?'를 통해 분노를 갖게되는 내부와 외부 동기를 알아본다. 3. 나만의 분노 감소 기법을 만들어 본다.	
4	화를 내는 사람들	·주위 사람들이 화를 내는 상황을 보고 화를 내는 이유에 대해 토론해 본다. ·'나는 왜 화가 났을까?'를 생각해본다.
	1. 한 주 동안 지낸 이야기 2. 주변 사람들이 화가 났어요. ·화에 관련된 영화감상 ·영화의 주인공들이 무엇 때문에 화가 났는지 생각해 본다. 3. 나의 경험을 시나리오로 만들어본다.	
5	분노를 조절하는 나만의 기법	·내가 화를 내는 이유에 대해 알고 난 후 난 어떻게 변화였는지 이야기 해 본다. ·화를 다루는 나만의 기법을 집단원들과 이야기 나눠본다.
	1. 화를 내는 이유를 알고나서 나 이렇게 변하였다. 2. 화를 조절하는 나만의 기법	

	나의 생각 전달하기 ·나 – 전달법	·화가 난 상황에서 나의 생각을 올바르게 전달하기를 배운다.
6	1. 복습 및 한 주 동안 지낸 이야기 2. 나 – 전달법 및 반영정 경청에 대해 배워본다. 　·나 – 전달법으로 시나리오 만들기	
	주장적 방법	·주장적, 소극적, 공격적 행동에 대해 배워본다. ·상황에 맞게 적절한 방법을 사용하도록 한다.
7	1. 복습 및 한 주 동안 지낸 이야기 2. 영화 감상 – 공격적, 소극적, 자기 주장적 행동을 하는 사람들 　·영화를 본 후 각 인물에 대해 이야기 나누기 　·나는 이럴 때 자기 주장적, 소극적, 공격적 행동을 해봤다. 3. 상황에 맞게 주장적 방법을 익혀 본다.	
	내가 변하면 세상이 변한다	·합리적 사고 및 비합리적 사고에 대해 알아본다. ·나에게 필요한 합리적 사고가 무엇인지 알아본다.
8	1. 복습 및 한 주 동안 지낸 이야기 2. 내가 가진 합리적 사고 및 비합리적 사고를 알아본다 　·치료사가 준비한 체크리스트를 통해 합리적 사고와 비합리적 사고를 구분하기 　·집단원들이 가진 합리적 및 비합리적 사고를 들어본다. 3. 내게 필요한 합리적 사고를 알아본다.	
	역지사지	·함께 협동하며 타인과의 상호작용에 대한 인지적 기술을 증진하고, 타인의 문제해결을 관찰한다.
9	1. 복습 및 한 주 동안 지낸 이야기 2. 친구들이 분노조절을 위해 사용했던 방법 이야기 나누기 3. 상대의 입장에서 생각해보기 　·사람들은 왜 화를 나게 하고, 또 화를 낼까?	
	자유게임 및 졸업파티	·분노조절 보드게임을 통해 여지껏 배웠던 것들을 복습해 본다.
10	1. 복습 및 한 주 동안 지낸 이야기 2. 분노조절 보드게임 3. 졸업파티 　·졸업장 수여식 　·각자 준비한 졸업파티 음식을 나눠먹기	

⑥ 자기표현 프로그램

쭈뼛대면서 하고 싶은 말이 있어도 꾹 참는 아동, 상대를 비난하는 말투를 사용하거나 다른 사람이 이야기하고 있어도 자신이 하고 싶은 이야기를 다 하는 아동들, 즉 자기표현에 지나치게 소극적인 아동들과 거칠거나 지나친 표현을 하는 아동들이 이 프로그램의 대상이 된다. 이 두 부류의 아동 모두 또래들로부터 부정적인 반응들을 얻기 쉽다.

표 24 자기표현의 행동구분(김성희, 1982)

구분	소극적 행동	자기표현 행동	공격적 행동
행동적 특성	·자신의 생각, 욕구, 권리를 표현하지 못함. ·직접적으로 자신의 감정을 표현하지 못하고 쭈뼛대며 간접적으로 표현하기도 함.	·자신이 생각한 욕구나 바람 등을 표현. ·직접적으로 상대가 기분 나쁘지않도록 자신의 감정을 표현함.	·자신이 생각한 욕구나 바람 등을 타인을 배려하지 않고 표현함. ·직접적으로 표현하는데 상대가 기분이나쁘거나 희생하도록 표현함.
	타인에게 인간적 권리를 침해하도록 허용	인간적 권리를 유지하나 타인의 권리를 침해하지 않음.	부적절한 적의와 과잉 반응 및 타인을 멸시, 창피를 줌.
행동 후 자신이 느끼는 감정	불안, 걱정	좋은 감정 및 확신감	우월함, 당당함 반면에 피해의식
행동 후 타인이 느끼는 감정	안달, 초조, 동정 및 연민	존경	분노, 원한 및 복수심
결과	바라는 목표 불성취	목표 성취	타인을 희생하여 목표 성취

건강한 자기표현이란 다른 사람과 의사소통을 할 때 상대방을 불쾌하게 하지 않으면서도 자신이 표현하고자 하는 것(권리, 욕구, 의견, 생각, 느낌 등)을 전달하는 능력이다. 건강한 자기표현을 하는 아동들은 불안을 느끼지 않고

마음속에 있는 자신의 주관 그대로를 솔직하게 상대방에게 나타낼 수 있다.

자기표현 프로그램에서는 기본적인 요소로서 목소리 톤, 자세, 내용전달 세 가지를 다룬다. 목소리 톤은 조정이 가능하기 때문에 사회성 훈련에서 기본적인 요소로 다루고 있는 내용이기도 하다.

목소리 톤만 갖고서도 상대방에게 내용 전달 및 감정 전달이 가능하다. 따라서 집단구성원들과 함께 목소리 톤을 어떻게 조절할 것인지를 이야기하고, 사람들이 듣기 좋아하는 목소리 크기가 어떤지를 알아보며 스스로 조절할 수 있는 방법을 탐색해 본다.

이를 통해 아동들은 자연스럽게 이야기를 해 나갈 수 있는 목소리 톤으로 스스로 조절할 수 있게 된다.

자세는 신체 언어를 통해 상대방에게 나의 감정을 전달할 수 있는 기본적이지만 중요한 요소이다.

보디랭귀지(body language) 또는 제스처(gesture)도 큰 틀에서 보면 자세에 해당된다. 말하기 전에 몸을 비틀거리거나 쭈뼛대면서 시간을 끄는 행동은 상대방을 답답하거나 당황스럽게 한다.

자기표현 프로그램에서는 부자연스런 동작을 자연스럽게 수정하도록 도와 이야기를 하는 사람이나 듣는 사람 모두 편안하게 느끼도록 효과적인 신체언어 표현 방법을 익힌다.

내용 전달이란 단어 그대로처럼 상대방에게 자신이 말하고자 하는 생각이나 감정을 언어로 표현하여 정확히 전달하는 것이다. 이때, 상대방을 너무 배려하지도 않고, 상대방을 비난하지도 않으면서 나의 전달 내용에

서로가 기분이 나쁘지 않아야 하는 전제가 있기도 하다.

단, 내가 기분이 나쁘다는 표현과 상대의 실수를 지적하는 것에 대해서는 꼭 전달해야 할 때를 판단하여 상대의 기분이 상하지 않도록 전달하는 기술이 필요하다.

자기표현 프로그램은 주당 1~2회기, 전체 8회기에서 16회기까지 단기적으로 실시되며, 주 호소 문제들이 해결되지 않으면 개별 및 소집단으로 추가 회기를 갖기도 한다.

자기표현 프로그램의 예

1	모둠 활동 잘 하는 방법
2	올바르게 친구들과 이야기 나누기
3	타인의 감정 이해하기 I - 감정이란
4	타인의 감정 이해하기 II
5	다른 사람의 성격 알아보기
6	편견다루기
7	경청
8	공감
9	배려
10	친구가 원하는 선물주기
11	친구 사귀는 기술 I
12	친구 사귀는 기술 II
13	친구사귀는 기술 III - 갈등해결하기
14	물건빌려달라고 하기
15	GAME을 통한 정리 I
16	GAME을 통한 정리 II

1	자기인식	자기모습살펴보기
2	분노통제훈련	화나는 건 당연해! -화가 난 경험적기 -ABC이론 이해하기
3		땅콩게임
4	대인관계 문제에서의	이럴 때도 있어!
5	결과 예상하기	나의 마음은….
6	자기표현	나-전달법 I
7		나- 전달법 II
8	주장적 행동	너무 밀어붙이지마!
9		자기주장적 · 공격적 · 소극적
10	합리적인 사고	합리적인 생각
11		요술안경(공감능력키우기)
12		어떤 행동이 좋을까?(대응과대응)
13	대인관계문제해결	곤란한 상황 대처하기
14		친구야! 이야기 할 게 있어!
15		나에게 가장 중요한 것은?
16	복습 및 파티.	변화되어야 할 점이 있다면…

위의 표는 자기표현 훈련 프로그램의 회기별 내용들을 간략히 소개한 것이다.

각 프로그램 안에는 앞서 제시한 목소리 톤, 자세, 내용 전달 등을 중심으로 회기가 구성되었으며, 이 주요 목표들을 회기마다 다룬다.

왼쪽은 초등 저학년 아동, 오른쪽은 중학생 청소년을 위한 프로그램 회기들이다.

⑦ THINK ALOUD 프로그램

Think aloud 프로그램은 문제 해결기술을 향상시키기 위한 인지행동치료 프로그램의 일종으로, 참여아동이 대인관계 문제 해결에 있어서 다양한 대안을 생각하게 하고 그에 따라 나타날 수 있는 결과들을 예측할 수 있도록 한다.

또한 문제 상황을 가장 잘 해결할 수 있는 효과적이고 긍정적인 대안을 선택하도록 훈련하는데, 해결책의 질을 높이기 위해 안전함, 정당함, 좋은 감정, 효율성을 반드시 고려하게 하고, 자신과 타인의 감정을 인식하고 공감하는 법을 배우는 내용이 포함되어 있다.

소리를 내어 자신이 해야 할 일들에 대해 생각하게 하여 문제에 접근하도록 하며, 자기 교시 방법으로 문제를 효과적으로 해결하는 방법을 집중적으로 배운다.

Think aloud 프로그램의 내용을 요약하면 문제 해결 접근법, 인지적 모델링, 그리고 자기 교시법이다.

• Think aloud 프로그램 적용 연령

유치원~초등학생 아이들에게 적용하는 것이 일반적, 아동이나 청소년의 경우 자기교시 방법이나 인지적 모델링 방법을 수정하여 사용한다.

  − 프로그램 대상: ADHD 아동, 공격성을 나타나는 아동, 불안을 나타내는 아동, 자기 통제나 자제력이 부족한 아동(인터넷 중독, 비만 아동 등) 등

- 주 1~2회기로 진행하며 현재 개발된 프로그램은 총 23회기로 구성되어 있으나 연령과 상황에 따라 12회로 적용 가능

⑧ 집단 모래놀이치료

사회성이 부족한 아동들, 특별히 또래들로부터 소외되거나, 공격적인 아동, 자기애가 지나친 아동들을 대상으로 모래상자를 활용한 집단치료를 실시할 수 있다.

구조화/비구조화된 방법에 의한 진행인지, 치료사가 어떤 학자의 이론적 배경에 따르는지에 따라 방법에 있어 조금씩 차이가 있긴 하지만 아동들은 집단으로 상자와 모래를 선택하고, 피겨들을 배치하며, 세계를 만들어 가는 과정에서 이들의 정신세계를 반영한 모래상자가 지금-여기에서 치료자와 함께 다루어지는 과정을 통해 집단의식과 능력을 경험하게 된다.

집단 지도자와 집단에 의한 안전한 공간은 아동들의 보고 듣고 견디는 능력을 향상시키고 이를 바탕으로 다른 이들의 정신세계도 견뎌 줄 수 있게 되며, 집단 내에서 주고받는 의사소통 기술을 통해 자유로움과 공동체를 존중하는 마음을 갖게 된다.

또한 서로 간 의미 있는 관계를 맺기 위해 반영적 언어를 사용하는 것들을 배움으로써 관계가 원만해져 갈 수 있다.

Daniel과 Linda(1999)가 소개한 집단모래놀이 치료방법들을 살펴보면 다음과 같다(유미숙·유재령·우주영·전정미, 2009).

Ⓐ 치료방법들

> · 일반 모래상자에 한 명씩 상자를 꾸미고, 서로의 세계를 관찰한 후 sharing하는 방법
> · 일반 모래상자에 두세 명씩 짝 또는 그룹을 지어 같이 상자를 꾸미고, 함께 꾸민 상자와 다른 짝(그룹)들이 꾸민 상자를 sharing하는 방법
> · 집단 모래상자를 활용하여 구조적으로 활동하기: 한 번에 한 사람씩 피겨를 가져와 꾸미기, 집단구성원끼리 회의를 거친 후 꾸미기, 개인의 주제 혹은 집단의 주제로 꾸미기 등
> · 집단 모래상자를 활용하여 비구조적으로 활동하기: 개인적(치료사의 지시 없이 처음부터 집단원이 동시에 작업)으로 세계를 만들고 sharing하는 방법

■ 집단구성원 각자가 자신의 상자를 꾸미는 방법

· 각 참가자가 자신의 모래상자에 접근하도록 배치한다.

· 모든 참가자가 동시에 작업하고 집단지도자는 관찰만 한다.

· 참가자 두 명씩 짝지어 작업한다.

- 한 사람은 만들고 다른 한 사람은 바라보거나 듣기도 함.

· 각 회기에서 참가자가 자신의 세계를 집단과 공유하는 과정을 가진다.

· 집단 형태가 사용될지라도 각 참가자는 자신의 개별적 세계를 적극적으로 창조하는 기회를 갖는다.

· 이를 통해 아동들은 집단 내에서 개인의 독특성, 개인의 가치에 대해 배울 수 있게 되고 자기존중감을 높이는 데 도움을 받게 된다.

■ 일반 크기 모래상자를 활용한 집단 모래치료

· 표준 크기의 모래상자에 2~4개의 집단이 '함께' 세계를 만든다.

· 이러한 작업은 다양한 대인관계의 역동과 관계스트레스를 일으키기도
하고, 협력적으로 창조하는 능력과 관심을 필요로 하기도 한다.
따라서 집단구성원들은 갑작스럽고 예측하지 못한 자극을 견디고,
이를 긍정적으로 활용하는 능력을 기르게 된다.

· 회기가 지날수록 참가들은 타인에 대한 더 깊은 신뢰, 인내, 진실함,
흥미를 갖게 된다.

· 세계를 꾸미는 과정에서 다른 집단원들에 대한 반응적 자세는 수많은
감정, 생각, 판단이 들게 하고 이것들은 다음 놀이(예: 피겨의 선택)로
이어질 수 있다.

· 집단정신이 생기게 되면 새롭고 보다 건강한 차원에서 대인관계의
경계들이 형성된다.

■ 집단 모래상자 안에 비구조적으로 활동하기

· 사각 모래상자 책상(가로세로 4~6피트 정도)에 4개의 집단, 16명의
참가자가 사용 가능하다.

· 모두 동시에 만드는 방법, 각 참가자가 모래상자 안에 1~3개의 모형을
가져다 놓으면서 이야기하는 방법이 있다.

· 작업을 통해 적극적 대인관계 및 공동체 역동의 생생한 경험을 제공할
수 있고, 한 개인의 행동이 얼마나 크게 영향을 미치는지 느끼게 할 수
있다. 여럿이 상자를 꾸미면서 다른 사람의 피겨들이 상자 속에 들어올

때마다 자신의 의도하지 않은 새로운 장면들이 창조되므로 각 개인은 이전에 가졌던 자신의 모래상자 세계에 대한 생각을 바꾸게 된다.

· 구성원은 모래에 자신의 흔적을 남기게 되므로, 서로의 관계 사이에서 오고 가는 심리적 감정은 모래상자를 꾸밀 때 의식적인 방식으로 더욱 잘 경험된다.

－한 사람의 작업으로 생기는 아주 미묘한 변화도 집단 다른 구성원들에게 새로운 경험을 창조하게 한다.

－각각의 새로운 변화는 신체적·정서적·정신적·영적·적응적인 반응을 요구하고 이것이 놀이로 표현된다.

－참가자가 캐릭터나 모형들을 가져오지 않더라도 집단원들의 언어와, 다른 '사람의 세계'와의 접촉이나 연결은 타인에 대한 관계, 그날 그 집단이 가진 목적을 드러낸다.

－여러 가지 역동들을 경험하면서 투사, 비난, 부정, 무책임감의 역동이나 무의식적인 부정적 행동들이 줄어들게 된다.

· 집단 모래놀이는 '현재 순간'에 놀이를 자발적으로 창조하는 것과 우리 스스로에게 놀이를 온전히 경험하도록 허용하는 것을 연습하게 한다(here & now의 경험).

· 집단치료사는 놀이과정에서 그 집단의 특정 구성원의 놀이나 놀이 행동을 해석하지 않으며, 각 구성원이 하는 의식적인 경험을 격려한다 (구성원 바라보기, 반영하기, 소감 나누기 방법 사용).

· 집단 모래치료의 초기 작업은 종종 긴장, 염려, 불안을 만들어 내기도 하지만 회기가 지날수록, 거부·배척·소속·지지받음과 같은 개인의

사회적 문제와 그 집단의 문제가 즉각 상자 내에서 그림자 영역(shadowy heads)으로 나타나는데, 집단이 그 내용을 이성적으로 대화하기 전에 그 내용은 이미 모래 작업 안에서 다뤄진다.

· 꾸미기와 집단 이야기 나누기가 끝난 후, 집단은 각자 시도했던 선택에 대한 최초의 반응과 그들이 어떻게 그것으로부터 천천히 회복되었는지를 탐색하기 위한 반영적 과정을 사용한다.

· 한 회기의 꾸미기 과정 동안 훈습할 필요가 있는 작업들은 다음과 같다.

  -어떤 놀이가 바로 이어질지에 대한 수줍음과 위협

  -자신이 예측하지 못한, 그리고 급격히 다르게 시도되는 놀이에 의해 발생한 충격과 놀라움

  -각 구성원이 자신의 개인적인 감정 동화 때문에 더욱 열정적인 표현을 하고자 할 때의 혼돈과 비조직

  -자신이 집단세계 안에 취한 일이, 그 집단의 다른 구성원의 세계와 어떻게 접촉하고 중복되는지에 대해 주목받게 될 때 드러나는 좁은 시야의 섬과 상호적인 의도

  -집단의 정신에 의해 던져진 삶의 질문을 인식하고, 놀이하면서, 공통의 관심사가 천천히 발전하기 시작할 때, 가능한 놀이표현의 범위를 실험하고 증가시키기

  -집단이 창조된 세계에 대해 책임감을 갖기 시작하고, 그 전체 세계에 대해 세심하고 적극적인 관계로 참여하기 시작할 때 관점이 재정립되고 순화됨.

-그날에 자연스럽게 중단되거나 결론지어진 놀이 과정의 재해결이나
  휴식의 장소

· 회기가 진행될수록 구성원들은 다음과 같이 변화하게 된다.
  -놀이에 더욱 익숙해지고, 의미 있는 완성된 놀이 프로젝트의 신화 만
  들기(mythmaking)와 반영적 과정 만들기(reflective processing)에 더욱
  집중하게 된다.
  -참가자들의 사회적인 적응반응이 증가한다(자치주의와 소유욕
  증가→타인에 대한 공감, 관심 욕구 증가. 세계 안에서 배치나 위치를
  견딜 수 없는 구성원은 그들 자신을 위한 공간과 자신의 기여를 어
  떻게 주장하는지를 서서히 배우게 됨).
  -일부 집단원들은 치료 초기 회기에 공동체 세계에 대한 자신의 독특
  하고 부정할 수 없는 영향을 보게 된다. → 인과관계의 법칙을 분명히 경
  험함. → 개인적·사회적 책임감의 개념을 탐색하게 만든다.
  -집단의 관점과 집단의 아이디어를, 집단 안에 증가하는 수용적 태도와
  집단 형태의 지지를 인식하게 된다.
· 모래놀이 주제가 참가자의 현재 생활주제와 밀접하게 되기 때문에
  집단에서는 주제나 생활 과제를 부여할 필요가 거의 없다는 점이 반복적
  으로 확인된다(집단정신은 각 회기마다 탐색되어야 할 욕구가 무엇인지
  아는 것 같다).
· 집단의 창조적 과정이 각 구성원이 하는 기여보다 더 크다.

Ⓑ 집단모래치료방법의 활용: 언어로 하는 집단상담에서 종결을 위한 활용

· 대화로 하는 집단상담 활동이 끝나는 마지막 시간에 집단원들에게 그들이 경험했던 것을 기억해 보도록 요청한다.

· 1~3개의 모형들을 골라 그 모형들을 집단 모래상자에 놓아 본다.

· 간단한 소감 나눔: 그들에게 그날 무엇이 가장 중요했는지, 무엇을 배웠는지, 가장 싫었던 것은 무엇인지와 같은 맥락을 나눌 수 있다.

Ⓒ 집단 모래놀이 회기를 구조화하는 방법

· 한 회기 실시 시간으로는 2~4시간이 가장 좋다.

· 청소년의 경우 수련회를 활용해 보는 것도 좋다.

· 모든 회기 및 시간에 해석은 권장되지 않는다.

· 집단원들이 초기 회기의 대부분을 건설 단계로 보낸다면 치료사는 집단원들의 창조 작업을 조용히 바라보는 개인적 숙고시간, 간단한 언어적 공유와 요약을 위한 시간을 마련하거나 혹은 치료기간을 더 길게 계획해야 한다.

집단 모래치료의 한 회기 구성

1. 환영의 원으로 시작, 모두가 그 집단에 함께한다는 것을 확인하기

2. 개별적인 세계, 두 사람의 세계 또는 집단세계 건설하기

3. 반영과 재조망을 위한 시간 갖기

4. 다른 구성원의 세계 관찰 및 이해하기

5. 자신의 세계 또는 전체 집단의 세계에 대해 이야기하기, 자신의 연상에 대한 소감 나누기

6. 집단치료 과정 중에 일어난 일들에 대해 나누기

   - 다른 집단구성원에 대한 세계의 영향, 세계에서 일어난 이슈들의 관계, 가정이나 학교 또는 지역사회에서 일상생활에 관한 각자의 관심사에 구성원이 어떻게 대응하는지에 관해 질문을 하고 함께 공유하기

7. 한 회기의 놀이로부터 얻은 실질적인 깨달음에 대해 생각하기

PART 04

사회성 문제 해결을 위한 가정에서의 대처

아이가 열이 나고 아플 때는 여러 가지 이유가 있다. 목이 부어서일 수도 있고 단순한 열감기일 때도 있으며, 장염 때문일 수도 있다. 열과 함께 다른 증상들—예를 들어 손, 발, 입 안이 헐고 수포가 돋으면 수족구라는 전염병일 수도 있다. 이렇게 전혀 다른 원인을 가지고 있지만 아이들은 모두 '열이 나는' 동일한 증상을 보이고 있다. 이때 엄마들은 아이에게 가장 먼저 해열제를 먹인다. 그렇지만 해열제만으로 아이의 병을 완전히 치료할 수는 없다. 그래서 엄마들은 아이를 데리고 병원을 찾는다. 그리고 원인에 맞게 처방된 약을 사용한다.

심리·정서적인 문제도 마찬가지다. '공격성 표출'이거나 '우울한 감정 지속', '사회성 부족' 등과 같이 아이들이 감정과 행동에 어려움을 호소하는 이유에는 다양한 원인이 있다. 이때 한 가지 문제가 주된 원인일 수도 있지만 대부분의 경우 여러 가지 문제(아이의 기질적 문제, 부모의 양육태도, 양육환경 등)가 복합적으로 얽혀 있는 경우가 많다. 이때는 엉킨 실타래를 풀듯이 아동상담 전문가들과 함께 우리 아이가 사회성이 부족한 원인을 차근차근 찾아서 수정해 가야 한다. 치료의 성공을 위해서는 물론 좋은 치료사를 만나야 한다. 그리고 또 한 가지, 치료를 도울 수 있는 가장 영향력 있는 조력자가 필요하다.

이것이 바로 부모이다. 부모가 올바른 치료적 조력자가 되기 위해서는 우리 아이의 문제뿐 아니라, 우리 가족, 부모 자신의 모습을 올바로 바라보고 받아들이는 것이 선행되어야 한다. 그리고 자녀와 자신의 문제를 수정해 가려는 의지, 적극적인 자세가 더해질 때 아이는 보다 빨리 평안을 되찾고 친구들과 잘 지낼 수 있게 된다.

본격적인 이야기를 풀기 전에 '사회성'에 관한 부모님들의 가장 흔한 오해를 먼저 짚고 넘어가고 싶다. 인기가 많은 아이들은 대부분 사회성이 좋다. 그렇지만 '사회성이 좋은 아이'가 반드시 인기가 많은 것은 아니다. 어떤 아이들은 (성인과 마찬가지로) 기질적으로 아주 많은 아이들과 교제를 하는 것보다 마음이 잘 통하는 몇몇 아이들과 깊이 있는 관계를 갖는 것을 더 선호하는 아이가 있다. 친구가 아주 많지는 않지만 관계 맺기에 지나친 불안이나 걱정을 보이지 않고, 이 몇몇의 아이들과 관계를 잘 유지해 가면서, 세련되고 건강한 사회기술을 갖고 있다면 이 아이는 분명 '사회성이 좋은' 아이이다.

사회성에 관한 오해 1
사회성이 좋다는 것은 인기가 있다는 것을 말한다.

한 가지 덧붙여 '모든' 아이들과 잘 지내는 아이가 사회성이 좋은 것은 아니다. 아이들의 세계도 사람들이 모인 세계이므로 분명 성격적·기질적으로 나와 잘 맞지 않은 아이가 존재하기 마련이다. '불편한' 친구와 억지로 잘 지내보려고 에너지를 쏟으며 힘들어하는 것보다, 불편한 아이와는 적절한 거리를 두면서 서로에게 편안한 거리(너무 침범하거나, 너무 소원하지도 않은)를 유지하는 것도 사회적 기술의 하나이다.

사회성에 관한 오해 2
'모든' 아이와 잘 지내는 것이 사회성이 좋은 것이다.

그리고 마지막으로 사회성 신장은 자판기 음료수처럼 동전만 넣으면 쉽게 얻어지는 것이 아니다. 어떤 어머니들은 상담센터에 찾아와 이렇게 말씀하신다. "우리 아이가 사회성이 떨어져요. 몇 주 상담하면 좋아질까요?", "이 프로그램에 참여하면 사회성이 좋아지나요?" 하루아침에 우리 아이의 사회성이 좋아지는 것을 기대하지 말자. 우리 아이의 원만하고 즐거운 사회적 교제는 '건강'한 정서 상태를 바탕으로 자아정체성이 올바로 세워진 상태에서 세련된 사회기술을 습득했을 때 가능하다는 것을 잊지 말자. 앞 장들에서 거듭 설명한 것과 같이 우리 아이의 심리·정서적 상태를 올바로 진단한 후 전문가들과 함께 아이에게 가장 적절한 사회기술 처방을 하도록 하자.

사회성에 관한 오해 3
몇 가지 세련된 사회기술을 배우면 쉽게 사회성이 좋아질 수 있다.

1. 사회성 좋은 아이로 키우기 위한 연령별 전략

1) 영아기: 사회성 발달을 위한 기초 자원 마련하기

(1) 안정 애착 형성하기

초기 애착 발달은 아동기의 또래관계에 밀접한 관련이 있다. 안정 애착을 형성한 아이들은 대부분 또래들과 긍정적 상호작용을 주고받고 인기가 있는 편이다. 기관에서의 적응력도 마찬가지이다. 안정 애착을 형성한 아동들은 또래들과의 활동에서 협동적이고 다양한 사회적 관계에서 유능성을 발휘하는 것으로 보고되고 있다. 안정 애착을 형성한 아동들은 자신이 어려움에 처했을 때 외부에 도움을 요청할 수 있다고 믿고 실제 그렇게 대처한다. 그들은 자신이 사랑받을 만한 가치가 있는 존재로 인식하기 때문에 전반적으로 긍정적 정서를 지니고 또래의 행동에 친사회적으로 해석하여 긍정적인 방식으로 반응한다. 뿐만 아니라 또래들에게 감정 이입이 잘 이루어져 타인에 대한 이해가 높고 잘 배려하며 또래관계가 원만하다.

그러나 이와는 달리 불안정 애착을 형성한 아동들은 어려운 일이 생겼을 때 외부의 도움을 받을 수 있다는 확신이 없다. 자신에 대해 사랑받을 가치가 없다고 느껴 외부로부터 돌아올 결과도 부정적으로 예측하기 때문이다. 이 아이들은 건강한 자기표현보다는 자신의 정서표현을 억제하거나 극도로 예민한 반응을 하여 또래들을 당황하게 하기도 한다.

즉 그들은 양육자와의 관계에서 만들어진 부정적·내적 작동모델로 인해
또래들로부터 자신이 거부될 것이라는 부정적 예측을 하게 되고 공격적이거나
적대적이며 충동적 행동을 하게 된다. 이러한 행동들은 결국 건강한 또
래관계를 손상시키게 된다.

(2) 언어 발달 촉진하기

말을 잘한다고 하여 반드시 사회성이 좋은 것은 아니지만 말을 잘하게 되면
또래관계에서 얻는 이점은 상당하다. 아이가 말로 무엇인가를 빨리 표현할
수 있게 되면 그만큼 주위 환경으로부터 얻는 자극도 많아지고 상호작용의
양도 많아진다. 영아의 언어 발달적 경험은 인지 발달뿐만 아니라 정서 발달,
자기표현 능력과 타인에 대한 이해 능력을 높여 결국 사회성 발달로 연결된다.

결론적으로 영아를 돌보는 양육자는 언어 발달을 촉진하는 방법을
익히고 긍정적인 영아와의 상호작용을 통해 이후 사회성 발달의 좋은 자
원을 마련하도록 한다. 특히 언어 발달이 사회성 발달의 유용한 자원으로
활용되려면 정서 발달과 연계하는 것도 필요하다. 언어가 발달되지 않은 아
이들에게 짧은 문장으로 아이의 행동을 감정과 관련된 단어들로 설명해
준다.

Tip 우리 아이 언어발달을 위해

· **자녀와 적당히 밀당(밀고 당기기)을 하라.**

아이의 언어표현을 촉진하려면 엄마가 수다쟁이가 되라는 말이 있다. 하지만 적당히 기다려 줄 때도 있어야 한다. 아이와 이야기를 하거나 놀이할 때, 엄마가 3~5초 정도 아이의 말을 기다려 준다. 그러면 아이가 자신이 말해야 하는 상황임을 눈치채고 말하는 데 도움이 된다. 엄마가 말을 많이 해 주어야 한다는 압박감에 아이가 말할 수 있는 기회를 빼앗지 말자.

· **'선 반응 요구—후 시범' 방법을 사용한다.**

아이에게 말을 하는 시범을 보여 주는 것, 즉 모델 역할을 하는 것은 좋다. 하지만 항상 엄마가 앞서 나가기보다는 먼저 아이에게 질문하고 반응을 요구한 후에 반응이 없으면 엄마가 시범을 보인다.

· **아이 입장에서 말하자.**

아이가 처음 말을 배울 때, 또 말이 느릴 때는 아이의 입장에서 말해주는 것이 좋다. 예를 들면 소꿉놀이를 하다가 아이에게 음식을 주면서 "사과 줄까?", 아이가 받으면 "고마워."라고 말을 해 주는 것이다. 무언가를 칼로 자르는 시늉을 하고 있다면 "현이가 싹둑싹둑 무를 자르고 있네~"라고 말해주면 좋다. 아이들이 언어를 습득할 때 반복되는 의성어 등이 음감이 있어 쉽게 느껴지며, 언어의 자극이 되므로 의성어를 넣어 아이의 행동을 설명해 준다. 그러면서 아이의 행동을 반영해주는 엄마의 말을 들으면서 자신의 행동과 연결시키며 경험하며 언어를 습득하게 될 것이다.

· **엄마는 연극배우가 되자.**

아이에게 계속 말을 걸려다 보면 자칫 질문 폭탄을 퍼붓고 아이를 정신없이 만들 수 있다. 차라리 엄마가 일상생활을 하면서 자신의 행동을 중계하거나 독백하듯 말하는 게 좋다. 예를 들어 우유를 마실 때 "나는 우유를 마셔요"라는 식으로 말해 준다.

· **음식에 양념을 쳐서 더 감칠맛 나게 하듯 아이의 표현을 조금씩 확장시켜 주자.**

아이가 처음 말을 할 때는 "엄마 물" 하는 식으로 아주 간단한 결합부터 시작한다. 자연스러운 과정이기 때문에 괜히 올바른 문장으로 고치기보다는 "엄마 물 주세요"라고 하거나 "따뜻한 물~" 하는 식으로 어휘를 좀 더 확장시켜 준다.

(3) 바깥 세상과의 즐거운 경험 시작하기

아이가 어린이집이나 유치원에 나가기 전에 어머니와 가정에서만 머물러 있다면 바깥세상에서 경험할 수 있는 다양하고 새로운 자극적 기회를 감소시키게 된다. 바깥세상에 대한 호기심이나 긍정적인 정서는 결국 향후 사회적 관계를 시작하기 위한 기초자원이 된다.

영아들에게 바깥세상으로의 여행은 놀이동산으로, 보물섬으로, 새로운 세상으로 가는 길이나 다름없기 때문이다. 예민하고 까다로운 기질의 아이와의 바깥 외출이 쉽지는 않지만 몇 가지 팁을 가지고 시도해 보는 방법이 있다.

- 외출 전 엄마는 긍정적 기대감을 기분과 언어로 표현한다.
- 외출 장소에서 아이에게 외부세계의 흥미로운 물건들에 대해 말하며 주의를 환기시킨다(하늘 색깔, 구름모양, 나무 모양 등등).
- 아이가 가리키는 것들에 대해 관심을 보여 준다. 또래친구들로 관심거리를 연결하되, 관망하며 흥미롭게 표현해 준다.
- 아이가 또래의 놀이에 관심을 가지면 함께 가까이 가서 작은 개입을 시도해 본다. 점진적인 수준으로 진행해야 하며 첫날보다 둘째 날, 셋째 날 더 강하고 많은 연결을 시도해 본다.
- 마지막으로 집으로 오는 길에는 언제나 아이에게 즐겁고 재미있었던 물건이나 경험들에 대해 얘기하며 바깥세상으로의 여행이 즐겁고 또 하고 싶은 놀이 활동이라고 느끼도록 한다.

(4) 다양한 상호작용으로 사회성의 기초를 길러 준다

영아기에 아이들은 주 양육자 및 주변 사람들의 일굴을 마주 보고 하는 상호작용에서부터 인간관계가 시작된다. 아기와 함께 다정한 대화를 많이 나누면 사회성 발달에 필요한 뇌의 회로들이 형성된다. 영아기에 양육자와 상호작용이 적었던 아이들은 이후, 사회적 관계에 관심이 없고 위축될 수밖에 없다. 기존에 준비된 자원이 없어 새로운 관계를 형성하는 것이 두렵고 불편한 것이다.

아직 언어적으로 성숙하지 않은 아이들과 대화하는 것이 초보 엄마들에게 쉬운 일은 아니다. 이때 부모들은 '언어'에 초점 짓는 일에서 벗어날 필요가 있다. 다시 말해 눈 맞춤, 표정, 손짓과 같은 많은 것들이 아이와의 상호작용에 사용될 수 있다. 아이와 눈맞춤을 한 후 "우리 아기 아이 예쁘네", 아이가 미소를 지었다고 하면 "네가 엄마를 보고 활짝 웃는구나" 등 아이의 행동 및 외모를 보면서 대화를 할 수 있다. 혹은 엄마도 활짝 웃어 주거나 미소를 지어 주면서 답할 수 있다. 아이의 옹알이에 엄마의 방식으로 응답해 주는 것은 상호작용의 끈을 만드는 시작이 될 수 있다.

표 25 다양한 상호작용 방법

집에 있는 물건 활용하기	"○○야. 저기 하얀색 냉장고에는 우리○○에게 줄 맛있는 이유식들과 과일이 들어 있어. 냉장고는 ○○에게 신선한 음식들을 제공하려고 열심히 일을 하고 있지."
아이와의 외출 시 보이는 사물들	"○○야. 초록색 나무가 ○○에게 안녕 하네. 나무는 손이 없어서 손을 흔들진 못하지만 마음으로 인사를 하고 있어."
부모의 일상 이야기	"○○야. 엄마는 오늘 하늘에 구름이 한 점 없이 맑아 ○○랑 유모차 타고 마트에 장보러 갈 계획이야."

(5) 부모와 매일, 즐거운 집중된 놀이시간을 20~30분 이상 갖도록 한다

영아기 부모와의 놀이는 다른 사람과의 관계를 맺는 것에 기초가 된다는 것을 잘 알고 있지만, 하루 종일 아이 얼굴만 보고 있는 것은 현실적으로 불가능하다. 엄마도 집안일이나, 그 밖의 일들로 아이에게만 집중하기 힘든 것이 사실이다. 직장에 다니는 엄마들은 이러한 문제로 더욱 고통받는다. 아동전문가들은 엄마들에게 24시간 아이만 바라보라고 권하지 않는다. 무미건조하고 답답한 긴 시간보다, 짧지만 '집중된', 그리고 '즐거운' 놀이 시간을 매일 가지라고 말한다. 그리고 아이와의 데이트 시간에는 반드시 엄마의 눈을 보고 엄마와 관계 맺는 놀이를 하여 주어야 한다. 아이들은 이 집중된 매일의 시간을 통해, 혼자 놀이나, 물건(사물이나 장난감)을 갖고 놀던 시간과는 다른 '관계 맺는 일', '서로 무엇인가 주고받는 일', '사람과 함께 하는 일', '나의 행동과 말에 따라 상대의 반응이 달라짐을 경험하는 일' 등의 즐거움을 알도록 하는 시간이 될 것이다.

2) 유아기

(1) 최소한의 놀이 시간 확보하기

최근 유아들의 일상이 매우 바빠졌다. 유치원이나 어린이집에 다녀와서도 운동, 음악, 미술 배우기에 오후시간을 할애할 뿐만 아니라 어린 나이에 외국어며 선행학습에 시간을 쓰느라 놀이시간이 턱없이 부족한 현실이다. 놀이터에 나가도 예전처럼 놀이친구를 쉽게 찾을 수 없다. 유아들이 또래들과 비구조화된 놀이 상황에서 자율적으로 상호작용하고 서로 의견을 절충하는 과정은 사회성 발달에 중요한 연습 시간이 된다.

일방적인 주입식 교육이나 기술과 지식 습득을 위해 유아들의 일상이 모두 투자된다면 사람들과 부대끼며 배워야 하는 삶을 배울 수 있는 기회는 줄어들 수밖에 없고 이것이 곧 사회성 문제를 일으키는 원인이 된다. 그러므로 아이들의 최소한 놀이시간을 확보하여 사람들과의 세상일을 경험할 수 있도록 해야 할 것이다.

(2) 부모의 관계망 활용하기

사회성이 좋은 아이들 중에는 부모가 또래관계를 촉진하기 위해 지속적으로 노력하는 경우가 많다. 또는 부모의 사회적 관계망 자체가 좋아서 자연스럽게 아이들에게 도움이 되는 경우도 많다. 후자의 경우 부모들은 넓은 관계망을 통해 아이들과 함께 모임에 참여하며, 다양한 상호작용 기회를 제공하고, 사람관계에서의 좋은 모델링이 되어 준다. 이러한 경험들은 아이들로 하여금 인간관계가 주는 기쁨을 어릴 적부터 알게 한다. 부모의 친구나 동료, 부부 모임 등에서 만나는 아이들은 부모의 정서적 친밀감을 기반으로 하였으므로 그만큼 자연스럽게 즐거운 시간을 보낼 수 있고 동생과 형, 이성과 동성 등 또래의 경험을 확장하는 데도 도움이 될 것이다. 뿐만 아니라 부모들 간의 좋은 이해관계는 또래관계를 발달시키는 데 필요한 시행착오(아이들끼리의 다툼이나 경쟁)도 상대적으로 쉽게 받아들이거나 유연하게 대처할 수 있게 하고, 양육에 관한 좋은 정보를 공유하거나 함께 하는 활동을 확장하는 데도 큰 도움이 될 것이다.

(3) 또래관계 관리 전략 발휘하기

① 또래와의 상호작용에서 즐거움 느끼도록 하기

또래와의 상호작용에서 즐거움을 느낀 경험은 '친구'라는 존재가 주는 즐거움과 삶의 재미를 느끼게 하고, 사람관계가 주는 행복감을 맛보게 하는 중요한 계기가 된다. 반면에 친구와 만나면 늘 싸우거나 맞는 경험을 한다거나, 다른 아이들과 비교하여 자신이 평가절하되는 느낌을 받는다면 또래들과의 만남이 곤욕으로 남을 것이다. 이럴 때 유아들은 친구관계를 통해 불쾌감이나 불행감을 얻는 것보다 차라리 혼자 놀거나 엄마와 같은 편한 성인들과만 놀며 행복감을 얻으려 할 것이다. 그리고 이러한 경험이 반복되다 보면 점차 또래관계 경험을 거부하게 된다. 따라서 처음 또래관계를 시작하는 유아들을 위해 부모는 '친구와의 놀이는 즐거운 것'임을 인식시켜 주어야 한다. 친구와 놀고 싶은 욕구를 증진시키고, 동기를 만들어 주기 위해서 또래와의 경험은 즐겁고 조금은 아쉬움이 남도록 할 필요도 있다. 또 만나서 놀고 싶고, 끝내고 싶지 않은 시간이 되도록 환경을 조성하고, 서툴거나 갈등되는 관계에 적절한 개입을 하는 등 부모의 세심함이 필요하다.

* 친구와 집에서 놀기를 더욱 즐겁게 촉진할 수 있는 엄마들의 센스
  · 놀이 장소에 아이들이 좋아하는 노래를 잔잔히 틀어 놓기
  · 적절한 조명, 캐릭터나 그림을 활용한 데커레이션, 매트나 카펫 등으로
    즐겁고 아늑한 무드 마련하기
  · 상상놀이를 자극할 수 있도록 공간의 배치를 재미나게 하기

예: 작은 가구의 배치 혹은 빨래걸이, 상자 등을 사용하여 '동굴' 같은 작은 공간 혹은 '통로' 만들어 주기, 이동식 간이 계단이나 미끄럼틀을 이용하여 방에서 발코니를 있는 새로운 길 만들어 주기, 식탁 및 컴퓨터 책상 밑에 카펫이나 이불을 깔고 놀이공간으로 내어 주기

· 아이들이 좋아하는 맛있는 간식을 준비하기(혹은 함께 간식 만들기)

· 평소에 갖고 놀던 장난감에 새로운 재료 하나 더하기

예: 늘 갖고 놀던 소꿉놀이 세트에 밀가루 반죽을 내어주기

② 특정 친구와 사귀는 경험 만들기

유치원에 들어가기 전 어린 유아들에게는 몇몇의 또래들과 어울릴 수 있는 기회를 자주 만들어 주어, 새로운 친구 사귀기, 그리고 '또래사회집단에 익숙해지기'를 미리 연습하게 해 줄 수 있다. '어머니들이 만나는 동네 친구', '어머니 동창생의 자녀', '어머니의 직장 동료의 자녀' 등 연령대가 유사한 아이들끼리 만나 '친구'라는 개념을 형성하도록 멍석을 깔아 주는 것이 하나의 방법이다. 엄마, 아빠, 형, 누나, 동생 이외에 또 다른 인간관계를 만들어 주어 유아 자신만의 인적 재산을 만들어 주고 애정과 소속감을 느끼도록 해 주는 것이 필요하다. 특정 친구와의 사귐은 다른 또래에 대한 관심과 관계욕구를 확장시키고 새로운 친구를 사귀는 데 든든한 자원이 되어 자신감을 가지고 또래관계를 시도하게 도울 것이다.

③ 유치원 아이들과 방과 후 함께하기

유치원에서 또래들과의 관계가 원활하지 않다면 방과 후 프로그램에

참여하도록 한다. 대부분의 어린이집과 유치원에서는 정규수업 이후에 방과 후 프로그램을 실시한다. 대부분의 오후 프로그램은 오전 동안 함께했던 친구들이라 좀 더 이완된 상황에서 만나게 되고 집단의 크기도 줄어서 아이가 집단으로 들어가는 것에 훨씬 부담을 덜 느끼게 된다. 그룹 사이즈가 작고, 흥미 있고 신나는 활동이라면 관계 맺기에 소극적인 아이들도 더 쉽게 도전할 수 있게 된다.

유치원이 끝난 후 친구와 놀이동산에 갔어요

만약 기관에서 마련된 방과 후 프로그램이 없다면 오후 시간을 활용해 자체적으로 소모임을 만드는 것도 좋은 방법이다. 마음이 맞는 엄마들끼리 축구, 농구, 미술, 음악, 놀이터에서 만나기, 놀이동산 가기, 가까운 산에 소풍 가기 등 정기적인 소모임을 만들어 보는 것도 좋은 방법이다. 이때, 유치원 교사의 도움을 받는 경우도 있지만 우선은 부모가 먼저 유치원 엄마들과 친해 지는 것이 필요하다.

아이들의 또래관계 관리는 이 시기 부모들의 과제 이기도 하다. 부모가 노력하고 투자한 만큼 결실을 얻게 될 것이다. 노력한 부모의 아이들은 그렇지 않은 아이들에 비해 훨씬 원활한 사회적 관계를 형성할 수 있다.

④ 집단놀이를 통한 사회적 기술 배우기

• 적절한 감정 표현

감정을 표현하는 아이들의 방법에는 여러 가지가 있다. 친구가 장난감을 양보하지 않았다고 씩씩거리며 물건을 던진다거나 토라져 짜증을 내는 아이가 있는가 하면, "너 하고 나 좀 빌려 줘", "네가 안 빌려 준다고 해서 나 화났어(I-message)"와 같이 언어적 표현을 사용하는 경우도 있다. 사회적으로 적절한 감정 표현 방법은 유아시기에 습득해야 할 사회기술 중 하나이다. 그런데 이때 부모의 역할이 매우 중요하다. 아이들은 부모가 자신에게 하는 표현을 보고 배우고 있기 때문이다. 부모가 적절하게 감정 표현하는 것을 경험한 적이 없는 아이들은 어떤 것이 적절한 사회적 표현인지 알 수 없다. 때로는 화나거나 짜증나는 감정을 표현하는 것을 나쁜 것으로 여기고 일부로 억누르는 아이들도 있다. 부정적 감정들이 표 현되지 않고 쌓이게 되면 우울이나 분노 같은 정서적인 문제를 가져올 수도 있다. 중요한 것은 표현하는 것이 자연스러운 것이며, '어떻게 표현 하느냐'에 따라 자신과 상대방의 기분을 그리고 상호 관계를 다르게 할 수 있다는 것을 깨닫는 것이다.

* 사회적으로 적절한 감정 표현을 도울 수 있는 엄마들의 센스
• 일상생활에서 엄마의 감정을 자주 이야기하기

예: "은석아~. 엄마는 오늘 은석이가 유치원 가고 난 뒤, 맛있는 간식을 준비하기 위해 즐거운 마음으로 시장에 갔었어. 딸기 냄새가 향긋하게 나는데 우리 은석이가 생각나더라. 엄마도 모르게 미소가 지어지면서 행복해지던걸?"

- '표정 일기 쓰기' 지도하기

감정 표현에 익숙하지 않는 9세 이하의 어린아이라면 매일 표정일기를 써 보도록 한다. 표정일기를 써 보며 나의 다양한 감정을 인식하고 표현하는 법을 배울 수 있으며, 다른 사람의 감정을 인식하는 법을 배울 수 있게 된다.

- 엄마가 먼저 다양한 감정들을 적절한 방법으로 표현하기

앞서 이야기한 것처럼 부모는 아이들에게 가장 직접적이고 주된 모델링 대상이 된다. 평소에 엄마가 '감정'에 대해 자주 이야기하고 그 감정이 무엇인지, 그러한 감정은 어떻게 다루는 것이 지혜로운 것인지 대화하는 것은 아이들이 스스로 자신의 감정을 파악하고 사회적으로 적절한 방법으로 표현하는 것에 도움을 준다.

- 잘 듣고 잘 말하기

대화의 기본은 이야기를 잘 듣기이다(경청). 하지만 요즘은 잘 듣기보다는 말을 잘해야 대화를 잘한다고 생각한다. 대화를 잘하려면 잘 듣는 것이 우선되어야 한다. 부모 또는 교사가 사회적 기술을 가르칠 때 기본적으로 수행되어야 할 것은 잘 듣는 것, 바로 경청이다. 무엇이든 잘 들어야지 배울 수

있고, 좋은 관계도 맺을 수 있다. 자녀의 말에 눈을 맞추며 귀 기울여 주는 경청의 자세를 엄마가 먼저 보여 주자. 또한 '아 해 다르고 어 해 다르다'라는 속담처럼 똑같은 말이라도 어떻게 표현하느냐에 따라 다른 결과를 가져오기도 한다. 표현에 따라 자신의 마음이 올바르게 혹은 그렇지 않게 전달되기도 하며, 상대방의 기분을 좋게 혹은 나쁘게도 할 수 있다. 부모 자신의 표현을 먼저 살펴보자. '내가 아이에게 지금 어떤 내용을 어떻게 전달하고 있는가'에 대해 스스로 점검해 보는 것이 중요하다.

Tip 잘 듣고 잘 말하기

· **경청의 방법**

1. 말하는 사람의 눈을 쳐다보자.

   이야기하는 사람이 상대가 이야기를 듣고 있다는 것을 알 수 있다.

2. 말하는 사람의 얼굴표정을 보자.

   이야기하는 사람의 얼굴표정을 바라봐야지만 기분을 알 수 있어 이야기하는 사람의 마음을 알 수 있다.

3. 말하는 사람의 이야기를 머릿속으로 그려 보자.

   말하는 사람이 기린 이야기를 하는데 코끼리를 생각하는 것은 이야기를 듣는 게 아니다. 말하는 사람이 어떤 생각으로 이야기를 하는지, 왜 저런 이야기를 하는지 앞뒤 상황을 머릿속으로 그려야 한다.

4. 말하고 싶어도 기다리자.

   말하는 사람의 이야기가 멈출 때까지 하고 싶은 이야기가 있어도 참자.

5. 이야기를 듣고 있다는 표시를 하자.

고개를 끄덕이며 듣거나 말의 재미있는 부분에서는 웃어 주고, 슬픈 부분에서는 슬픈 표정을

짓는 등 반응을 보여 주자.

· 말을 잘할 수 있는 방법

1. 이야기할 때 어떤 내용을 어떻게 전달할지 한 번 생각하고 이야기한다.

2. 상대가 들었을 때 되도록 기분 나쁘지 않은 단어들을 사용한다. 즉 고운 말로 예의 바르게

이야기하자.

3. 상대를 비난하거나 불평하는 말을 많이 하면 상대가 불편해한다는 것을 염두에 둔다.

핵심적인 내용을 아이들이 알아듣기 좋은 방법으로 표현하고 있는가, 불필요한 말들이 지나치게 덧붙여져 있지는 않은가, 아이가 들을 때 나의 말투와 표정은 어떠한가? 나는 I-message를 사용하고 있는가 등 질문을 부모 자신에게 던져 보자.

• 놀이 활용하기

가정이나 상담센터에서 가족을 대상으로 활용할 수 있는 감정 놀이의 예로는 다음과 같다.

감정 징검다리
① 감정이 적힌 카드를 바구니에 담아 놓는다.
② 바닥에는 강의 시작과 끝을 표시해 놓는다.
③ 교사 또는 부모가 감정에 관련된 상황을 말하면 그 단어를 찾아 강바닥에 순서대로 놓아 준다.
④ 강바닥에 감정 단어 카드가 강의 시작부터 끝까지 연결되면 징검다리가 완성된다. 강의 끝에
    보상물(사탕, 초콜릿 등)을 놓아 준다.

감정 box게임
① 두 사람을 나누어 한 명은 감정카드를 뽑아 카드의 표정을 지어 보인다.
② 카드를 뽑지 않은 상대 사람은 표정을 보고 어떤 기분일지 알아맞힌다.
③ 표정에 대한 감정을 정확히 알아맞힐 때마다 준비된 스티커 판에 스티커를 붙여 준다.
④ 스티커가 많은 사람이 이기는 게임이다.
⑤ 마무리하기

1. 자신의 평소 얼굴표정에 대해서 그리고 그때 상대방이 어떻게 대해 주었는지에 대해서 이야기를
    나눈다.
2. 얼굴표정과 기분과의 관계에 대해서 이야기하기
3. 자신의 최근 얼굴표정과 기분은 어떠했으며 그때 무슨 일이 있었나?
4. 표정이 밝지 못한 친구의 얼굴표정을 볼 때 나의 기분은 어떠하며 나는 어떻게 반응할 것인가?

이야기 전달하기
① 2~3명이 나란히 앉는다.
② 앞 사람에게 귓속말로 교사 및 부모가 이야기를 전달한다.
예를 들어, 처음에는 단어만 '사랑해', '감사해' 등 단어를 잘 전달하면 문장으로 "나는 너를 좋아해",
"장난감 빌려 줘서 고마워" 등 문장으로 전달한다.
③ 이야기를 들은 앞 사람은 자신의 뒤에 있는 사람에게 귓속말로 전달하여 맨 마지막 사람이 큰
    소리로 이야기해 주면 된다.

소리 알아맞히기
준비물: 녹음된 테이프, 그림 카드
① 테이프에 다양한 동물, 물건, 악기 등의 소리를 녹음한다.
② 바닥에 그림 카드를 펼쳐 놓는다.
③ 소리를 듣고 그림 카드를 찾도록 한다.

(집단에서 진행 시)
① 시작 전에 출발지점을 표시한다.
② 출발지점에서 2m 떨어진 지점에 그림 카드를 테이블 위에 잘 보이도록 펼쳐 놓거나 긴 끈을
　이용해서 빨래를 널듯 카드들을 집어 놓는다.
③ 두 팀으로 나눈다.
④ 각 팀의 구성원들은 순서를 정한다.
⑤ 교사 및 부모가 들려주는 소리를 듣고 그림 카드를 찾아온다.
⑥ 그림 카드를 정확히 찾아오는 팀이 이긴다.

(4) 가족 내에서 인간관계 기초 다지기

① 주장 들어주기

또래관계에서 적절한 자기주장을 잘하게 하려면 부모-자녀 관계에서 실제 자신의 주장이 존중되고 지지받았던 경험이 필요하다. 이는 부모 상호 간에도 필요한 것으로 아버지나 어머니가 서로의 의견을 존중해 주고 수용하는 모습을 보고 문제 해결방법이나 의견조율과정을 배울 수 있게 된다.

② 감정 표현과 수용 돕기

부모가 아이들의 감정을 얼마나 수용하느냐는 아이들의 감정 표현과 다른 아이들의 감정을 이해하고 수용하는 데 기초자원이 된다. 아이와의 대화에서 다양한 감정을 표현하는 단어를 사용하여 모델링이 되어 주고 아이가 적절한 감정을 표현해 왔을 때 적극적으로 수용해 준다면 아이는 자신의 감정이 소중하다고 인식하게 될 것이다. 나아가 다른 사람의 감정을 알아차리고

소중하게 생각하며 수용하는 태도를 보여 또래관계를 촉진하게 될 것이다.

③ 주도성을 존중하고 자신감 키워 주기

만 2세가 되면 아이들은 무엇이든지 스스로 하려고 하는 자율성이 형성되기 시작한다. 윗옷에 팔만 넣은 채 다 입었다고 하며 돌아다니거나, 바지 한쪽에 두 발을 넣고 낑낑대면서도 혼자 입으려 한다. 연습과 시행착오를 거치며 자율성이 길러지며 이는 곧 자신감을 키우는 데 바탕이 된다. 자신감은 이런 경험들을 통해 완성된다. 아이들의 자신감 형성에 도움을 주려면 아이들 스스로 할 수 있는 기회를 많이 주며 아이의 주도성을 존중해 주어야 한다. 또한 부모가 아이들의 행동에 어떻게 반응해 주었는지에 따라 자녀의 자신감이 달라질 수 있다.

생텍쥐페리의『어린 왕자』에서 6살때 작가 자신이 보아뱀이 코끼리를 먹은 그림 1호, 2호를 어른들에게 무슨 그림인지 묻자, 어른들은 하나같이 '모자구나'라는 대답을 했다. 저자는 어른들의 반응에 "나는 여섯 살에 '화가'라는 멋진 직업을 포기했다"고 표현했다. 어른들의 반응에 아이들은 자신감을 키우기도 하고, 포기하기도 한다. 긍정적이고 지지적인 표현으로 자녀의 자신감 신장에 도움을 주도록 하자.

1. 자녀에 대한 현실적인 기대치와 목표를 갖자.

아이가 남들 앞에서 이렇게 행동했으면 또는 저렇게 행동했으면 하는 부모의 바람이 혹시 아이의 발달단계에 어울리지 않는 비현실적인 것은 아닌지 생각해 본다.

2. 자녀에게 긍정의 힘(칭찬)을 채워 주자.

·구체적인 행동에 대한 칭찬

칭찬은 아이들에게 줄 수 있는 최고의 긍정의 힘이다. 7세가 넘어가는 아이들은 자신의 행동에 대해 스스로 인지할 수 있는 능력을 갖추게 된다. 이들에게 칭찬을 할 때에는 어떤 행동 때문에 칭찬을 받는 것인지 아이가 명확히 알도록 해야 한다. 무조건 '잘했다', '멋지다', '예쁘다'가 아닌 늘 어지럽히던 아이가 방 정리를 했다면 "책들이 책꽂이에 가지런히 꼽히고, 바닥에 널려 있는 옷들을 옷장에 걸어 놓으니 책상과 방이 깨끗해졌네." 또는 시험성적이 올라간 아이에게 "네가 이번 시험에서는 학교 학습에 대해 복습을 열심히 하고, 시험 전 계획을 세워 힘들어도 너의 계획을 스스로 지키려 노력한 결과가 좋은 성적을 거뒀구나"라고 칭찬하는 부분에 대해 구체적으로 알려 주고 그 부분에 대해서 칭찬을 해 주는 게 좋다. 그래야 아동이 더 열심히 노력하고, 어려운 상황에 놓였을 때 이겨 내려고 노력할 것이다.

·칭찬의 방법도 다양하게 표현한다.

긴 말보다는 짧은 행동이 큰 칭찬이 되기도 한다. 아이의 긍정적인 행동에 엄지손가락을 들어 보여 주며 최고라는 의미를 알려 주면 아이는 으쓱해하는 기분을 느끼게 된다. 아이와의 스킨십을 통해 아이가 사랑받고 있다는 느낌을 들게 하는 방법이 있다. 또는 특별한 일을 했을 때 의성어를 써 가며 놀란 표정으로 기절하는 척을 해 보자. 아이는 이러한 부모의 반응에 신나 할 것이다.

·아이의 입장에서 칭찬한다.

아이가 긍정적인 행동을 했을 때, 부모의 입장이 아닌 아이의 입장에서 칭찬을 해 준다. 예를 들어, 야채를 잘 먹지 않는 아이가 야채를 먹는 노력을 했다면 "네가 오늘 식사에서는 야채를 많이 먹어, 너의 몸을 더 건강하게 만들었겠구나" 또는 씻는 것을 싫어하는 아이가 씻었다면 "스스로 씻고 나니 기분이 좋아졌겠구나"라는 등 반응을 해 준다.

·아이의 행동에 질문을 해 본다.

아이가 한 모든 행동에 칭찬을 하려고 한다면 아이의 행동의 구체적인 의도를 파악하지 못하였을 때, 오히려 아이의 행동에 대한 칭찬은 역효과가 날 수 있다. 이럴 때, 아이의 행동에 질문을 해 본다. 예를 들어, 시험을 잘 본 아이라고 한다면 "너는 이번 시험에서 좋은 성적을 거뒀던 이유가 있니?" 또는 친구에게 과자를 나눠 주는 아이에게 "너는 그 과자를 왜 나눠 먹으려 했니?" 등의 질문을 통해 부모가 본 것을 말하고 질문을 함으로써 아이들이 반응하게 만드는 것이다. 이런 것들은 아이가 한 행동을 스스로 판단하고, 즐길 수 있도록 만들 것이다.

3. 아이들이 할 수 있는 일을 만들어 주자.

아이들이 할 수 있는 일들이 많아지면 주변에서 오는 긍정적인 반응에 힘을 얻는다. 또한, 아이들 역시 스스로 작은 일이라도 할 수 있는 힘이 생기면 주변 사람들의 칭찬이 아니어도 자신감 넘치는 아이가 될 수 있다. 아이가 작은 일이라도 스스로 해낼 수 있도록 지지하고 기다려 주어야 한다.

(5) 적절한 사회화는 또래관계를 위해 필수

사회성에 어려움을 보이는 유아기 아이들의 대부분은 다른 사람과 눈을 맞추며 대화하거나 인사하기, '고마워, 미안해' 등과 같은 상황에 맞는 표현하기 등 사회화된 행동에서도 결함을 보인다. 그러나 인사하지 않을 때 다그치거나 지적해 준다면 아이는 수치감에 더 위축되고 사회적으로 필요한 행동에 대해 동기가 생기지 않을 것이다. 부모가 아이로부터 증가되기를 바라는 사회화 행동(만났을 때 인사하기, 고마운 인사, 사과의 인사)이 있다면 아이가 한 번이라도 그 행동을 했을 때 즉각적으로 칭찬하는 방법이 더 효과적이다. 또는 부모가 다른 사람과의 관계나 자녀와의 관계에서 먼저 적극적으로 인사하는 모델링이 되어 주는 방법도 효과적이다. 아파트 엘리베이터에서 이웃 어른을 만났을 때 "○○야, 왜 인사 안 해~", "○○야, 인사해야지~"라는 말보다 부모가 먼저 웃으며 "안녕하세요~" 하고 반갑게 인사하는 것이 아이의 변화에 100배는 더 효과적일 수 있을 것이라 확신한다.

3) 아동 · 청소년기

(1) 단짝 친구와 우정의 질을 경험하도록 돕기

이 시기의 아이들에게 단짝 친구와의 경험은 우정의 질을 경험할 수 있는 중요한 기회가 된다. 다양한 인간관계도 중요하지만 한 사람과의 깊고 풍부한 관계도 대인관계를 유지하는 데 필요한 많은 경험을 하도록 도와준다. 단짝 친구와 고민을 나누고 즐거운 시간을 나누는 것은 우정의 질을 높이는 데 도움을 줄 뿐만 아니라 인간관계에서의 상호작용의 질을 높이는 데도 큰 도움이 될 것이다.

이 시기의 아동과 청소년들은 부모와 교사보다는 친구들로부터 많은 지지를 얻고 문제 해결의 도움을 받는 양이 늘어나게 된다. 단짝 친구의 경험이 없다면 부모에게 의존하고 밀착되어 세상 밖으로 나아가는 데 어려움을 겪을 것이다. 믿을 수 있고 마음에 맞는 친구가 있다는 것은 부모를 떠나 심리적 지원을 얻을 수 있는 좋은 안식처가 된다.

친구관계가 어려운 아이들에게 처음 사귀도록 도와주는 것만큼 유지하도록 도와주는 것도 중요하다. 아이들 중에는 처음 사귀는 것은 잘 되는데 오래가지 못하고 사귀면서도 힘들어하는 경우가 많다. 특히 아동, 청소년기의 또래관계는 유아기 때처럼 재미있게 놀 수 있으면 어느 정도 유지되는 것이 아니라 복잡하고 미묘한 일들이 관계 내에 산재해 있다. 이는 진정한 대인관계가 시작된다고 볼 수 있다.

아이가 또래관계에서 경험한 갈등을 부모에게 이야기해 오면 좋은 상담자가 되어 주어야 한다. 아이들은 부모가 자신의 마음을 잘 알아주고 친구와의 갈등에서 자신의 편이 되어 주기를 바랄 것이다. 그러나 편을 들어주며 마음을 위로해 주기 위한 목적으로 상대방 친구를 함께 비난한다거나 자녀의 잘못된 행동조차도 "옳았다", "잘했다"고 말해 주는 것은 옳지 못하다.

아이의 말을 적극적으로 들어 주고, 마음을 공감해 주는 것이 우선적으로 필요하고, 아이의 감정이 어느 정도 진정되었을 때 중립적인 위치에서 아이에게 한 번 더 생각해 볼 수 있는 기회를 주는 것이 필요하다. 또한 부모의 입장에서 가끔은 합리적인 사고와 판단을 해 보이는 것도 아이가 올바른 것을 수용하고 판단할 수 있도록 하는 데 도움이 된다. 다음의 **Tip**을 참조하여 실질적인 도움이 되길 바란다.

(3) 갈등 해결 도와주기

유아들은 싸우고도 다시 만나더라도 언제 그랬냐는 듯이 또 놀곤 한다. 자신의 흥분된 감정에 의해서 이거나 단순히 물건을 소유하는 것, 누가 먼저 실수로 공격행동을 하였거나 등 여러가지 이유로 다시 만나 재미있게 놀면서 쉽게 잊기도 한다.

그러나 초등학교와 중학교 연령이 되었을 때의 갈등상황은 그렇게 쉽게 풀리거나 잊히지 않는다. 이 연령대의 아이들은 그만큼 인지적·정서적으로 발달되어 잘잘못을 판단하는 능력이 발달되었기 때문이다.

또래관계에서 일어난 갈등을 스스로 해결하지 못하고 부모가 해결해 주기를 바라는 아이들도 사회적 유능감이 낮은 아이들이다. 간혹 아이가 또래 갈등상황을 견디다 못해 부모에게 도움을 요청해 올 때 부모들 중에는 이에 개입해 학교 앞에서 자녀의 친구들에게 맛있는 것을 사 준다거나 집으로 갈등을 일으킨 아이들을 초대하기노 힌다. 이러한 방법은 아이들에게 주지 말아야 할 것을 준 경우이다.[2] 이는 아이에게 갈등상황을 해결하는 법을 가르쳐 주었다기보다 아이를 더 무능하게 하고 의존하게 만드는 기회를 준 것이다. 아이들에게 갈등상황 해결하는 법을 알려 주기 위해서는 아이들의 갈등상황이 왜 벌어졌는지, 친구의 감정이 어땠을지, 아이가 그 갈등상황을 어떻게 풀어 나가야 하는지에 대한 생각을 묻고, 함께 해결 방법을 찾아가는 것이다.

Tip 갈등 해결

1. 침착하게 이 일이 왜 벌어졌는지 생각한다. - 왜 다툼이 일어나게 됐지?
2. 상대방이 말하는 것을 잘 들어 본다.
3. 네가 느낀 기분이나 생각을 차분하게 그리고 기분 나쁘지 않게 상대방에게 전달한다.
4. 함께 타협 방법(순서를 정하거나, 함께 하거나 양보하는 등)을 찾는다.

(4) 집단규칙 준수

두 사람 이상만 모여도 필요한 것이 규칙이다. 한 사회의 구성원으로 살아가기 위해서는 이러한 규칙이 눈에 보이든 보이지 않든 지켜야만 한다.

---

2) 부모들이 아이를 양육할 때 주지 않는 것이 '주는 것일' 때가 있는데 바로 이때이다.

집단규칙이라는 것은 내가 양보해야 하거나, 순서를 지켜야 하고, 소리를 지르지 않거나, 기다려야 하는 등 행동을 실천하는 것이다.

불편을 감수하고 규칙을 지키는 이유는 모두가 기분 상하지 않고 즐겁게 잘 지내기 위해서라는 것을 알려 줘야 한다. 규칙을 지킨다는 것이 불편하기만 한 것이 아니라 좋은 결과도 온다는 것을 알도록 한다. 예를 들어, 하나의 장난감으로 여러 명이 놀고자 할 때는 차례차례 순서를 기다려야 하고 누가 먼저 가지고 놀 것인지 규칙을 정하는 것이 오히려 더 놀 수 있는 기회가 빨리 오는 길이라는 것을 경험하도록 해 준다.

집단규칙을 지키도록 도와주는 또 하나의 구체적 방법은 보드게임을 이용하는 것이다. 모든 게임에는 규칙이 있다. 함께 게임을 재밌게 하려면 규칙을 지키지 않으면 안 된다는 것을 자연스럽게 터득할 수 있다.

Tip 규칙에 대한 기초지

1. 규칙이란?
· 어떤 장소나 공간에서 지켜야 할 예의
 - 규칙이란 서로가 불편하지 않도록 정하는 것이기 때문에 사람들이 많을 때만 필요한 것이 아니다. 친구랑 놀이를 할 때에도 누가 먼저 할 것인지 순서를 정하거나, 어떻게 해야 할지 방법을 정하는 것과 같은 규칙이 필요하다.
· 규칙을 지켜야 하는 이유
 - 한 공간에 있는 사람들끼리 서로 기분이 좋게 하기 위해서
 - 서로 안전하게 있기 위해서

2. 친구들 사이에서 지켜야 할 규칙 내용

· 친구와의 놀이에서 순서가 필요하면 누가 먼저 할지를 정한다.

예를 들어, 가위바위보로 결정하거나 주사위가 있는 게임을 실시할 때, 주사위의 숫자가 큰
수가 먼저 나온 사람이 먼저 한다거나 작은 수가 나온 사람이 먼저 하는 등 순서를 정한다.

· 친구와의 놀이에서 어떻게 할 것인지 정한다.

게임을 한다고 하면 게임의 규칙을 알고 있는 친구에게 물어 방법을 터득하여 방법대로 할
것인지 또는 우리들만의 게임 규칙을 정하는 것에 대해 이야기를 나눈다. 놀이를 할 때도
마찬가지로 어떻게 놀이를 진행할 것인지 미리 이야기를 나눈 후 놀이를 진행한다.

3. 학교에서 지켜야 할 규칙 내용

· 수업시간에 떠들지 않는다.

· 복도에서 뛰지 않는다.

· 친구들과 수업시간에 장난치거나 걸지 않는다.

· 수업시간에 바르게 앉는다.

· 수업시간에 선생님께 말을 할 것이 있다면 손을 들고 이야기한다.

· 다른 사람과 이야기할 때, 눈을 보고 이야기한다.

· 계단에서 뛰지 않고, 소리 지르지 않는다.

· 교실에서 게임을 할 때, 그 게임의 규칙을 지킨다.

(5) 적절한 또래문화 공유

이 시기의 아이들이 서로 친밀감을 가지고 원활하게 대화하며 교류하기
위해서는 그들만의 문화를 공유하는 것이 무엇보다 중요하다. 성인들 역시
이들의 문화를 잘 알고 있을 때 마음의 문을 보다 쉽게 열고 의사소통도
촉진할 수 있게 된다.

초등학생들에게는 그들 사회 안에서 유행하는 놀이, 책, TV 프로그램, 게임 등이 있다. 이것들을 적절히 공유하는 것은 친구들로부터 소외감을 덜 느끼고 편하게 합류하게 하며 또래집단에 소속감을 느낄 수 있도록 해 준다.

이와는 달리 청소년들은 유행하는 노래나 패션, 최신 연예계 소식을 잘 아는 것이 또래문화를 잘 공유해 가는 일이기도 하다.

청소년들이 친구들과의 대화에서 소외되지 않기 위해 텔레비전을 보고, 친구와 같은 옷을 사며 유행을 따라가기도 한다. 부모는 이런 자녀의 문화를 소중하게 여기며 받아 주고 이해해 주어야 한다. 단, 지나치게 유행을 좇거나 형편에 맞지 않는 비싼 옷이나 물건을 사 달라고 할 때는 부모와 조율할 필요가 있다.

빅뱅 팬미팅에 참여 중인 청소년들

사회성이 부족한 청소년들 중에는 특히 컴퓨터 온라인 세상에서는 활발한 활동을 보이지만 실제적인 면대면, 즉 또래들과 얼굴을 마주 대하고 관계를 맺는 대인관계를 맺지 못하는 경우가 많다.

이들이 인터넷 온라인 모임에만 집중하는 데는 사회기술 부족이나, 대인관계 회피성, 정서적 장애, 자신감 부족, 관계 유지를 위한 현실적인 시간 부족(대학민국 입시제도하의 청소년들) 등 다양한 원인이 있겠지만 중요한 것은 on-line '모임' 역시 개인이 모여 모인 '사회'이며, 이들은 아주 유사한 관심과 공통의 흥미를 가지고 있다는 것이다. 이러한 특징과 장점을 활용하여 음성적인 모임을 양지화한다면 실제적인 대인관계의 질을 향상시킬 수 있는 좋은 사회적 장으로 활용할 수 있다.

먼저, 부모들은 자녀가 속해 있는 온라인 동호회에 관심을 가짐으로써 자녀의 호기심과 흥미가 어느 곳에 집중되어 있는지 파악할 필요가 있다. 또한 이를 통해 부모가 자녀의 관심을 존중해 주고 그들의 욕구에 대한 개방적이고 지지적인 조력자가 되는 것이 선행되어야 한다. 아이들의 관심과 온라인관계를 지나치게 비난하고, 매도한다면 아이들의 사회적 관계뿐 아니라 부모-자녀 관계 역시 단절될 수 있고, 오히려 이러한 관계에 더 몰입하게 하는 결과를 낳을 뿐이다.

부모 혹은 상담자와 같은 신뢰할 수 있는 성인의 지도하에 공통 관심사로 뭉친 온라인 청소년 집단이 자발적인 의지로 건전하고 건강한 오프라인 모임을 가질 수 있도록 도와야 한다. 오프라인 모임 장소 제공이나, 모임 개최 시 함께 할 수 있는 일들에 대해 계획하기, 지속적으로 관계를 이어 갈 수 있는 사회적 기술이나 모임의 소스에 대해 익히기 등이 그 방법이다. 마지막으로 자녀의 오프라인 모임 참여가 시작되었다면 지지적이고 구체적인 대화를 하며 부모의 진정한 관심을 이어 가는 것 역시 필요하다.

(6) 혼자 노는 시간 개입하기

하교 후 집에서만 지내는 아이라고 하면 아이가 학교에서 소속감을 가지고 있지 못하는지에 대해 확인해야 한다. 아이가 친구들 사이 소속감을 갖지 못하고 힘들어한다면 아이가 소속감을 가질 수 있는 집단에 참여할 수 있도록 유도한다. 예를 들어, 하교 후 스카우트 활동, 복지관 봉사 프로그램, 교회 단체, 방과 후 활동, 주말 활동(주말 체육 프로그램, 주말 동호회 등) 등에서 아이들을 자연스럽게 만날 기회를 갖게 해야 한다.

이때, 인터넷 게임이나 온라인 채팅 등 방 안에서 혼자 하는 것, 가상공간에서 자신을 숨긴 채 놀이를 하는 것은 아이를 더 고립시키고, 왜곡된 자아를 가지게 할 수 있으므로 부모의 조정이 필요하다. 이 시기에 혼자 노는 것에 몰입하고 또래에 흥미가 없다면 상담을 받아 볼 것을 권한다. 정서적 어려움이 있는 아이들이거나 사회 부적응아가 될 가능성이 높기 때문이다. 그리고 이미 이런 음성적인 것에 몰입한 자녀라면 앞서 기술한 것과 같이 이를 비난하기보다, 이러한 흥미와 몰입이 양지화될 수 있도록 전문가와 함께 실질적인 노력을 시도할 필요가 있다.

(7) 자녀의 이성관계 대처하기

초등학교 고학년이나 중·고등학생들은 이성과의 사귐에 많은 관심을 가진다. 이성관계도 또래관계의 일종이므로 무조건적으로 금지하는 것은 옳은 방법이 아니다. 아이들의 욕구를 알아주고 인정해 주면서 건전하게 이성관계를 형성하도록 도와주는 것이 향후 부모가 우려하는 일을 예방하는 일이 될 것이다.

Tip 청소년의 건전한 이성 교제를 위하여

① **자녀에게 이성친구가 생겼을 때 부모의 대처**

· 이성친구를 만나는 것에 대해 부모는 개방적인 태도를 보인다.

· 이성친구에 대한 자녀의 호기심이나 욕구를 충분히 들어 주고 공감해 준다.

· 어느 정도까지 허용할 수 있는지에 대해 부모의 생각이나 가치관을 아이한테 알려 준다.

· 이성친구와 사귀는 동안 아이들의 시간 관리를 해 줘야 한다.

· 이성친구가 생겼을 때 학교 학습에 미치는 영향에 대해 함께 이야기 나눈다.

· 이성친구를 만나는 시간에 대해 함께 규칙을 정한다(주말에만 만난다, 몇 시까지 귀가한다 등).

② **자녀가 알아야 할 사항들: 올바른 이성 교제는 무엇일까?**

· 무엇보다도 상대를 존중해 주는 마음이 필요하다.

· 이성친구가 항상 나의 마음을 알아주길 바라거나 이해해 주길 바라지 않는다.

· 이성친구에게 나의 입장만 내세우지 않고, 객관적인 입장에서 생각하여 의견을 제시하는 습관을 갖는다.

· 갈등상황이 일어났을 때, 나의 생각을 솔직하게 전달하되, 나의 생각과 감정을 그 친구가 다 받아 주길 바라는 것은 어려운 것이라는 것 기억하자.

· 부모에게 이성친구를 소개하거나 만남을 오픈하는 것이 중요하다.

청소년 시기에 이성친구를 만나고, 사귀고 싶은 마음이 드는 것은 발달과정상 자연스러운 현상이라는 것을 알자. 방과 후나 주말에 이성친구와의 교제를 위해 부모님에게 거짓말을 시작한다면, 불편한 마음과 죄책감이 이어질 수 있고 결국 이성친구와의 관계도 건전하지 못해지거나 오래가지 못할 수 있다.

부모는 이성관계에 대한 아이들의 관심이나 생각, 의견에 공감을 해 주며 대화를 해야 한다. 아이들도 부모로부터 허용은 받되 절제하는 것을 배워야 한다. 부모가 허용해 주지 않아 비밀리에 이성과 만난다면 거짓말을 하게 되고 이로 인해 내면에 죄책감을 쌓아 갈 것이다. 또, 이런 생활이 지속된다면 아이의 도덕의식이 낮아지고 이성관계뿐만 아니라 다른 부모의 금기사항도 어기게 될 것이다. 따라서 무조건적인 반대 입장보다는 무승부법을 적용하여 부모와 아이가 한 발씩 양보하여 서로의 욕구를 충족해 주는 방법을 의논해 보는 것이 좋다.

Tip 자녀의 또래 관계에 집중 정도를 파악하기

1단계: 친구에 집착하는 아이의 행동을 관찰한다.
· 어떤 친구와, 어디서, 무엇을 하는지에 대해 점검한다.

2단계: 친구와 노는 시간 때문에 자신의 과업을 수행을 어기는지 알아본다.
· 학교의 하교 시간과 귀가 시간이 지켜지고 있는가?
· 지속적으로 학원을 나가는가?
· 친구와 채팅이나 통화, 문자를 주고받느라 취침시간이 늦어지는가?

초등학교 고학년으로 올라가면서 아동들은 부모와 가족들과의 놀이보다는 또래친구들과 시간 보내기를 원한다. 청소년시기가 되면 또래친구들에 소속되려는 성향은 더 강해진다. 이러한 경향은 아이들이 부모로부터 독립하여 건강하게 성장하기 위한 하나의 신호로 볼 수 있다. 그러나 지나치게 친구관계에 몰입하여 자신의 역할과 과제를 소홀히 한다면 부모의 관리가 필요하다.

2. 증상별 부모의 대처

1) 공격성으로 배척당하는 성난 고슴도치 유형의 아동

이런 아동들을 위해서는 어렸을 때부터 다른 사람의 신체를 위협하거나 물건을 파괴하는 행위는 안 된다는 것을 알려 주는 것이 필수이다. 또 아이가 또래관계에서 공격적인 행동을 했을 때, 아이의 행동에 무조건 야단치기보다는 부드러우면서도 단호하게 말해 주는 것이 좋다. 공격적인 행동보다 언어로 자기를 표현하는 방법이 더 이점이 있다는 경험을 하도록 도와주고 적절한 표현은 부모의 모델링을 활용할 수도 있다. 그리고 아동의 공격적 행동이 친구를 사귀고 싶어서인지, 재미로 그러는 건지 등에 대해 알아보고 그에 맞는 대처를 하도록 해야 한다. 일상생활 속의 아동 동화, 텔레비전 프로그램 중에 공격적 행동으로 친구 사귀기에 어려움이 있는 아동이 어떻게 문제를 해결해 가는지 방법을 함께 보며 이야기해 본다.

1. 아이에게 기본적인 사회적 질서와 규칙을 지속적으로 알려 준다.

 -공격적인 행동을 할 때마다 매번 아이에게 적절한 행동을 알려줘야 한다.

아이가 친구를 밀 때	
2~3살 아이	"○○가 친구랑 놀고 싶었구나. 그럴 때는 친구를 미는 건 절대 안 돼. (친구에게 직접 사과를 하며) ○○야. 미안해. 친구는 이렇게 안아 주는 거야"라고 이야기하며 모델링이 되어 준다.
6~7살 아이	구체적으로 친구를 밀친 이유를 물은 뒤에 이유에 맞게 행동에 대한 이야기를 해 줘야 할 것이다. 아이의 이유가 "그냥 밀었는데요"라고 하며, "넌 그냥 밀었구나. 하지만 저 친구는 네가 밀어서 놀라고 당황했을 거야. 네가 사과해야 돼. 그리고 친구를 밀쳐서는 안 돼"라고 명확히 알려 줘야 할 것이다. 아이의 이유가 "놀고 싶어서요"라고 하면 "넌 친구랑 놀고 싶어서 그랬구나. 하지만 ○○야. 네가 친구랑 놀고 싶으면 행동이 아닌 말로 해 줘야 돼. ○○야. 같이 놀자. 나 너랑 놀고 싶어 하고 이야기해 줘야 친구는 알 수 있어"라고 이야기해 줘야 한다.
기본적으로 친구들에게 행동이 아닌 말로 놀자고 해야 하며, 아무리 화가 났다고 해도 상대방에게 피해를 주는 거친 행동은 하면 안 된다는 것을 인식시킨다.	

2. 아이가 놀이를 하다가 공격적인 행동을 할 때 바람직한 행동을 알려 준다.

아이가 화가 나서 공격적인 행동을 했다고 한다면 우선, 아이의 마음이 진정될 때까지 기다려 줘야 한다. 아이의 마음이 진정된 후, 상황에 대해 아이와 함께 이야기를 나눠야 할 것이다. 상황을 듣고 난 뒤에 아무리 화가 난다고 해도 발로 차거나 물건을 던지는 행동은 안 된다는 것을 이야기해 줘야 한다.

나쁜 감정 및 행동 다루기

부모님이 사용하실 교육 방법	1. 아이에게 무슨 일이 일어났든 감정을 최대한 수용해 주려고 최선을 다하세요. 자신의 감정을 선택할 수 있는 사람들은 드뭅니다. 그렇기 때문에 아이들 또한 감정을 선택하는 것이 아님을 명심해야 합니다. 당신의 자녀가 이런 감정들을 어떻게 처리하는지에 더욱 초점을 맞추세요. 2. 아이가 감정을 다루는 기술을 사용하도록 돕습니다. "네가 지금 화가 난 것 같구나. 이쯤에서 한 번 어떻게 너의 감정들을 다루면 좋을지 생각해 보면 어떨까?" (감정 이완하기를 배운 것을 생각하도록 돕습니다.) 3. 아이의 감정 다루기 시도에서 구체적으로 언급을 해 줍니다. ·"네가 조용하게 화가 났다고 이야기해 주니 엄마(아빠) 마음이 훨씬 편하구나." ·"내 생각에 네가 하루 종일 네 방에 들어가 있는 것이 슬픈 감정을 처리하기 위한 좋은 방법은 아닌 것 같구나." 4. 아이가 감정들을 잘 처리하지 못했을 때, 감정을 처리하기 위해 사용할 단계들을 물어봄으로써 기술에 대한 점검을 반복합니다.
아이들이 나쁜 감정 다루는 방법 (감정 이완하기 방법)	1. 화가 나거나 나쁜 행동을 하고 싶어졌을 때, 우선 생각과 행동을 멈춘다. 2. 마음속으로 '하나, 둘, 셋, 넷, 다섯'을 센다. 3. '난 괜찮아'라고 마음속으로 나에게 이야기해 준다. 4. 왜 이런 기분이 드는지 나쁜 행동을 하고 싶은지 생각해 본다. 5. 기분 좋은 일을 상상해 본다. 6. 나 혼자 해결되지 않으면 주변 어른들 및 사람에게 이야기를 해서 해결해 본다.

2) 수줍어서 못 들어가고 배회만 하는 부끄러운 코스모스 유형의 아동

수줍어서 친구들의 놀이 속으로 들어가지 못하고 배회하는 아동들의 경우, 부모가 무조건 등을 떠밀어 집단으로 밀어 넣는 방법은 좋지 않다. 아이가 왜 친구들 사이에 끼어들지 못하는지, 아이는 어떤 부분에서 힘들어하는지 등을 아이와 이야기해 보는 시간을 가진다. 또는 기질적으로 느린 아이들은 또래들을 만났을 때 시간이 필요하고 천천히 접근하기도 한다는 사실을 알아야 한다. 아이의 기질이나 특성을 파악하여 아이에게 시간을 주고 아이가 준비되었다고 판단될 때 집단에 참여하도록 유도하는 것이 필요하다.

Tip 적극적으로 아이의 지원군이 되어 주기

① 집 주변에 있는 자원 활용하기
아이를 데리고 집 주변의 마트나 놀이터 등에 갔을 때 다양한 어른들 및 아이 또래의 친구들을 만날 수 있다. 이때, 부모가 먼저 아이 가까이에 있는 어른들 및 아이들에게 인사하며 낯선 사람들에 대해 어떻게 대해야 할지 모르는 아이들에게 사람들을 만나면 인사를 하는 것과 다양한 인사법을 알려 줄 수 있을 것이다.

놀이터에서 만난 아이	"안녕. 난 ○○이 엄마야. 우리 ○○인 세 살인데. 넌 몇 살이니?" 우리 아이가 자연스럽게 다가갈 수 있도록 도와준다.
마트에서 만난 아이와 엄마	"안녕하세요. 어머. ○○과자 사러 오셨구나. 우리 ○○이도 이 과자 좋아하는데……(아이에게) 너도 이 과자 좋아하니?"
집 주변에서 만난 어른	"안녕하세요. 오늘 날씨가 햇빛은 있는데 바람이 세게 불죠? 어디 가시는 중이신가 봐요?"

② 시간과 기회를 만들어 주기

아이를 데리고 새로운 장소를 가게 될 때, 약속 시간보다 일찍 갈 수 있다면 먼저 가서 우리 아이가 환경과 상황에 적응할 수 있는 시간적인 여유를 주자. 또한, 새로운 장소를 가기 전에 약속을 정한 날부터 아이가 마음에 준비를 할 수 있도록 도와줘야 할 것이다.

"○○야. 오늘 엄마가 ○○이모랑 패밀리 레스토랑 가기로 했는데 엄마랑 너랑 거기를 가려면 지하철 타고 20분 정도 가서 그곳을 갈 거야. 그곳에 가면 먹는 것도 있지만 너처럼 어린아이가 놀 수 있는 공간이 있대"라고 이야기해 주고, 그곳에 홈페이지가 있다면 홈페이지를 통해 장소를 익숙할 수 있도록 도와주는 과정이 있다면 아이가 낯선 장소에 가서 긴장하고 불안해하는 것들을 줄여 줄 것이다.

③ 친근하고 편안해하는 친구들을 찾아 주기

친구관계가 원활하지 못한 아이들은 부모들의 도움이 적극적으로 필요하다. 아이가 어린이집이나 유치원, 문화센터 등을 다니고 있다고 한다면 그곳에 있는 아이들을 집으로 초대하여 같이 어울리게 한다든가, 무리 지어 놀고 있는 아이들과 놀고 싶어 한다면 부모가 그 아이들 틈으로 들어가 아이가 낄 수 있는 자리를 적극적으로 만들어 준다.

* 무리 지어 놀고 있는 아이들 속에 끼어들기

"안녕. 너희들 재미있게 놀고 있구나. 너희들 몇 살이야? (아이들이 대답을 하면) 그렇구나. 얜 ○○(이름)고, 얜 ○살이야. 얘도 너희들하고 함께 놀고 싶어 하는데 같이 끼워 줄 수 있나?"

3) 낯선 것을 두려워하고 싫어하는 코스모스 유형의 아동

어려서부터 낯가림이 심하고 유난히 부끄럼을 많이 타는 아이들이 있다. 타고난 기질 탓도 있겠지만, 후천적인 영향도 있다. 이런 아동들은 가정에서 벗어난 장소에 대한 불안한 경험을 하게 될 것이다. 대체적으로 이런 불안들은 아이들이 유치원 또는 초등학교 입학을 할 때 두드러지게 나타난다. 환경에 적응을 하지 못하기 때문에 친구들과의 관계에서도 소외되며 배척받는 일이 발생한다.

아이들이 새로운 환경에 안정되게 적응하고, 사회성을 키워 주기 위해선 우선, 아이의 기질을 파악하는 것과 부모인 나 역시 아이와 같은 행동에 무서움을 타고 불안해하지 않았는지에 대한 파악이 필요하다. 또한, 아이들은 부모로부터 보호받고 있다는 생각을 하고 있다. 그렇기 때문에 부모의 행동에 반항하지 않고 있는 그대로 수용하여 아동 자신을 평가하는 경향이 있기에 부모인 내가 우리 아이한테 어떠한 부모인지를 확인해야 할 필요가 있다. 아이에게 과잉보호하는 부모인지, 아이의 행동에 비판적인 태도를 보이는 부모인지, 위협적인 태도를 보이는 부모인지 등을 먼저 체크해 봄이 필요하다.

Tip 낯선 것을 두려워하고 싫어하는 아동을 위한 대처법
– 부모의 대처

1. 따뜻하고 수용적인 분위기를 만들어 준다.
·아이가 부모에게 자신의 의사표현을 정확히 할 수 있도록 한다.

2. 새로운 환경 및 경험에 대해 미리 준비시킨다.
·새로운 환경에 가게 된다면 가기 전에 미리 방문해 보도록 한다. 예를 들어, 유치원 및 초등
 학교에 가서 환경이 어떻게 구성되어 있는지를 같이 살펴보고, 그곳에서 즐겁게 활동하는 것들에
 대해 같이 머릿속에 그려 본다.
·유치원 입학식, 발표수업 등 미리 마음의 준비와 연습을 시켜 준다.

3. 기회는 주지만 강요하지 않는다.
·아이에게 문화센터 또는 방과 후 프로그램 등 기회는 주지만 다른 아이들과 놀라고 강요하지
 않는다. 다만, 부모가 모델링이 되어 준다. 다른 친구들이나 엄마들에게 자연스럽게 먼저 인사하고,
 이야기 등을 하며 아이가 서서히 편안하게 적응할 수 있도록 도와준다.

4. 아이 스스로 극복할 수 있도록 해 본다.
·부모가 아이의 사회활동이 점차적으로 넓어지도록 도와주되 아이 스스로 두려움을 극복할 수
 있도록 부모가 옆에서 강요하지 않도록 한다. 부모가 옆에서 강요하면 아이들은 더 위축되고
 불안감이 높아지게 된다.

* 변화 받아들이기

무엇인가 새로운 일이 생긴다는 것은(변화) 분명히 어렵고 힘든 일이지만, 살아가는 동안 반드시
수차례 겪을 수밖에 없는, 피할 수 없는 일인 것이 분명하다.

다음의 질문을 아이들이 스스로에게 던져 보고 대답해 보도록 하자.

① 변한다는 것이 나의 감정에 어떤 영향을 미치지?

② 변화의 이유가 무엇일까?

③ (어떤 새로운 곳을 가거나 새로운 경험을 할 때) 그곳은 어떤 곳이지? 그곳에선 어떤 것을 하게 될까?

④ 변화는 피할 수 없는 일이야! 이 세상의 모든~ 사람들이 변화를 경험하곤 해. 그렇다면 일단
 생각으로 변화를 받아들여 보는 건 어떨까? 그곳에서의 계획을 짜 보는 거야.

4) 혼자 놀기를 선택한 껍질 속 달팽이 유형의 아동

다른 문제행동과는 달리 혼자 놀기를 선택한 아동들은 '왜 우리 아이가 혼자 노는지'에 대해 민감하게 관찰해야 한다. 아이가 공격적인 행동을 해서 거부당한 것인지, 수줍어 끼지 못한 것인지, 함께 노는 방법을 모르는 것인지, 발달 수준이 맞지 않는지 등 다양한 원인을 살펴보는 것이 좋다. 또는 이런 사회성에 어려움이 있는 경우 외에도 심각한 행동문제를 동반한 경우도 있다. 단순히 사회성의 문제인지, ADHD 성향이 있는지, 아스퍼거인지, 자폐성향이 있는지, 애착장애가 있는지 등에 대해 가까운 상담센터에서 진단을 받아 보는 것도 중요하다.

5) 마음대로 해서 배척당하고 배회하는 팝콘 유형의 아동

저출산이 사회적 문제가 되고 있는 요즈음, 자녀는 그 어느 때보다 가정과 사회의 귀한 존재로 여겨지고 있다. 그러나 안타깝게도 이 귀한 아이들이 더 예의 있고, 사회적이기보다는, 지나친 과잉보호와 허용을 통해 사회의 기본적인 규칙이나 예의를 지키지 않는 아이로 자라고 있는 경우가 많다. 이러한 환경 속에서 자란 아이들은 세상에 무서울 것이 없다. 내가 주인이고 곧 왕이기 때문이다. 첫 사회적 기관인 어린이집이나 유치원에서부터 문제가 발생된다. 친구들이 가지고 있는 장난감을 휙 뺏어가 버리거나, 친구가 자신의 장난감을 만지면 울어 버리고 화를 낸다. 점차 이런 아이들은 또래 사이에서도 거절당하거나 배척당하기 쉽다. 물론 행동에 통제가 쉽지 않은 기질적인 문제가 있는 아이들도 있다(1, 2장 참조).

이러한 아이들을 위해서는 올바른 사회적 규칙과 방법을 상황에 맞게 구체적으로 알려 줄 필요가 있다.

· 친구와 공감하는 방법을 알려 준다.

  －동화나 TV 프로그램 등을 활용하여 간접경험을 통해 함께 이야기를 나누며 알려 준다.

· 친구를 배려하는 방법을 알려 준다.

  －놀이를 할 때, 서로 나눠 쓴다거나 함께 놀 수 있어야 하는 것 등

· 집단 내의 규칙이 있다는 것을 알려 준다.

  －집단 내에서 차례를 지켜야 하는 것, 양보해야 하는 것, 친구 밀치지 않는 것 등

· 나의 이야기를 할 때, 친구의 이야기 역시 들어 줘야 한다는 것을 알려 준다.

· 놀이집단에 들어가는 사회적 기술을 가르친다.

· 결과를 받아들이는 방법을 알려 준다.

· 친구들이 나와 놀아 주지 않을 때 대처법을 알려 준다.

  －내가 잘못한 일이 뭔지 생각하도록 돕는다.

  －마음이 담긴 사과는 어떤 말로 어떻게 해야 하는지 생각하도록 돕는다.

  －앞으로 같은 실수를 하지 않으려면 어떻게 행동해야 하는지 생각하도록 돕는다.

6) 친구보다 컴퓨터를 좋아하는 아동

청소년들 중에는 친구관계가 원활하지 않아 어딘가에 몰입하기 위한 수단으로 인터넷에 빠지는 경우가 있다. 이런 경우 컴퓨터에 몰입하는 행동 그 자체를 비난하거나 문제시하기보다 친구관계에서의 어려움이 무엇인지를 먼저 알아내고 도와주는 것이 좋다. 가상의 세계가 아닌 현실세계에서 만나는

친구들은 서로 상호작용을 통해 조율하는 과정이 필요하므로 높은 심리적 에너지가 동반되고 때로는 상처를 받을 수도 있다. 그러나 이것이 바로 대인관계에서 누구나 겪고 있고 또 해결해 나가고 있는 '현실'인 것이다. 그러나 이미 자녀와 부모가 직접 친구관계 문제를 해결할 수 없는 상황이라면, 반드시 상담센터를 찾아 전문적인 도움을 받는 것이 필요하다. 앞 장에서 기술한 on-line 세계를 off-line, 즉 현실적 대인관계로 가져오는 Tip을 참고하여 현실적이 고민을 해 보는 것이 필요하겠다. 또한 이러한 성향의 아동들의 안 좋은 예후로 최근 '은둔형 외톨이'라는 용어가 사회적 이슈가 되고 있기도 하다.

'은둔형 외톨이'란 일본어로 히키코모리(ひきこもり)라고 불리며 '방에 틀어박히다', '뒤로 물러나다'라는 의미인데, 다시 말해 사회생활에 적응하지 못하고 집 안에만 틀어박혀 사는 사람을 일컫는다. 은둔형 외톨이는 집 안에서 인간관계를 맺지 않고 보통 6개월 이상 사회적 접촉을 하지 않은 사람들을 이르는 말이다. 최근에는 은둔형 외톨이가 10대로 확산되고 있어 문제가 되고 있다.

은둔형 외톨이의 또래관계 특성은 대인관계 기술이 부족하고 자신감이 낮다는 것이다. 이들은 상담기관의 도움을 절대적으로 받아야 하지만 부모의 지혜로운 대처 역시 매우 중요하다. 이러한 아동들은 이미 정서적인 병리를 갖고 있는 것이므로 친구를 잘 만나는 것을 강요하거나, 친구들과의 관계에서 자기표현을 적절히 잘하는 아이가 될 것을 기대하는 것은 옳지 않다. 그들의 현 상태에 맞는 현실적이고 구체적인 대안으로 접근해야 한다. 친구와 전화 통화나 문자를 주고받는 것, 친구의 소식을 묻는 것, 상담센터에 매번 가는 것, 가족과 식사하는 것 등과 같이 작은 변화도 놓치지 말고 관심을 보이고 격려해 주는 것이 필요하다. 이러한 작은 변화에 대한 부모님의 진심 어린 격려가 이들을 세상으로 나오게 한다는 믿음을 놓쳐서는 안 된다.

7) 우울한 감정으로 인해 친구관계가 어려운 아동

친구를 좋아하고 잘 놀던 아이가 언젠가부터 혼자 지내는 시간이 많아지거나 일상의 일들에 흥미를 보이지 않고, 재미있게 즐기던 일들에 대한 매력을 잃게 된다면, 우울한 감정에 대해 체크해 보는 것이 필요하다. 우울 증세를 보이는 아동들은 또래집단과 어울리는 것을 싫어하게 되어 정서와 사회성이 정상적으로 발달하지 못한다. 기쁨의 감퇴, 식욕장애, 수면장애, 초조함, 소화불량, 무기력, 기억력, 집중력 저하로 학업 기회를 놓치고, 이차적인 영향으로 열등감과 부정적 사고방식을 갖게 되어 결과적으로 사회생활에 점점 더 적응하기 어려워진다.

소아·청소년의 우울증이 위험한 까닭은 우울증으로 인한 여러 가지 문제가 그 이후의 삶으로까지 이어지기 때문이다. 자녀의 우울을 '사춘기라서 감정 기복이 심해진 거야(혹은 예민해진 거야)'와 같이 가볍게 치부하지 말고 아동이 우울한 감정을 지속적으로 호소하거나 일상생활에 변화를 가져오면, 먼저 전문적인 검사를 통해 정확한 진단이 이뤄져야 한다. 치료가 필요한 우울증으로 진단되면 상담치료를 시작하고 필요하다면 약물요법을 병행한다.

1. 아이의 마음상태에 항상 관심을 기울여라.

· 우울한 소아와 청소년들은 자살 시도의 위험성이 높다. 우울한 청소년들은 기분을 개선하려는 시도로서 술 또는 다른 약물을 오남용하기도 한다. 이로 인해 아동과의 따뜻하고 수용적인 분위를 만들어 자주 대화를 나누는 것이 필요하다.

2. 아이의 마음을 인정해 주어라.

· 아이들이 우울함을 느끼는 것을 막을 필요는 없다. 하지만 우울감을 건설적으로 극복할 수 있도록 뒷받침해 줄 필요는 있다. 무력감을 느끼고, 흥미를 잃은 것에 대해 표현하거나 행동을 하면 있는 그대로 인정해 주며 아동이 갖고 있는 부정적인 감정을 털 수 있도록 도와줘야 한다.

3. 매일 진심 어린, 그리고 사랑이 담긴 스킨십을 해 줘라.

· 스킨십을 통해 애정을 전달하고, 사랑표현을 하면 따뜻한 느낌에 기쁜 마음을 갖게 될 것이다. 처음엔 서로 간에 다소 어색할 수 있지만 곧 스킨십의 놀라운 능력을 경험하게 될 것이다.

4. 대화를 통해 아동의 감정을 표현하도록 도와주어라.

· 어른들과의 대화를 통해 아이들이 개개인이 지닌 감정을 드러내 주며, 적극적으로 인정해 줄 때 해결될 수 있다. 왜 슬프고 우울한 감정이 드는지, 특히 어떤 때 더 그러는지 진실한 대화를 나눠 보자.

8) 지나친 걱정 때문에 또래관계가 어려운 아동

PART 01, 02에서 기술한 것과 같이 '사소한 일들에 대해 하는 지나친 걱정'으로 인해 또래관계가 어려운 아이들이 있다. 친구관계에서 어떠한 일이 일어날까 봐 하게 되는 지나친 걱정, 친구들 사이에서 일어났던 일을 회상하며 만 리장성까지 쌓게 되는 멀고도 긴 걱정들은 또래관계에서 눈치를 보면서 항상 자신감 없는 태도를 갖고 친구의 평가에 예민하며, 과도한 긴장을 유지하게 한다. 이렇게 되면 또래관계뿐만 아니라 일상생활 자체도 어려워질 수 있고 학습에도 부정적인 영향을 미친다. 집중력 저하나 불안, 우울을 동반하기도 한다.

Tip 지나치게 걱정이 많은 아동 또래관계 도와주기

1. 자녀가 가장 걱정하는 것들을 알아낸다.
· 우리 아이가 어떤 것들을 걱정하고 고민하고 있는지 관찰을 통해 아니면 아이와의 대화를 통해 알아내는 것이 필요하다.

2. 아이의 걱정거리를 현실적으로 이해할 수 있도록 안심을 시켜 주거나 해결책을 함께 이야기해야 한다.
· 최근 일본의 쓰나미 이후 원전에 대해 불안해하는 아동들이 많아졌다. 이때 부모는 아이의 이해 수준에 맞게 일반화된 정보를 주며 그 상황을 해결하기 위해 사람들이 최선을 다하고 있다고 이야기해 줘라.

3. 부모의 용기 있는 행동으로 본보기가 되어 줘라.
· 부모가 어떤 것에 대해 걱정하면 아이도 역시 그 부분에 대해 걱정할 것이다. 또한, 부모가 어떤 것을 두려워하면 아이 역시 그 부분을 똑같이 두려워할 것이다. 부모가 아이의 학교 친구에 대해 걱정을 하더라도 아이한테는 걱정을 내비치지 않는 것이 좋다.

이러한 경우 역시 정확한 진단과 전문적 치료가 필수적이다. 부모는 아이의 걱정거리를 같이 들어 주고, 아이가 걱정하는 것에 대한 마음을 공감해 주어야 한다. 그리고 자녀의 상담자와 반드시 부모상담 시간을 가져 부모의 대처에 대한 구체적인 조언을 받는 것이 필요하다. 반복적이고 쓸데없는 걱정이나 생각에 답답해하거나 비난하는 말들(예: "그런 일은 절대 안 일어나. 너 자꾸 그런 식의 생각만 하면 친구들이 더 바보같이 여겨.")은 자녀의 불안을 더욱 키우게 될 뿐이다.

Tip 지나치게 걱정하는 아이에게 이렇게 해보세요

지나치게 걱정이 될 때 해 봐.

1. 우선, 긴장을 풀어야 돼

① 편안한 자세로 앉아 봐.

② 팔에 힘을 꽉 주어 봐. 그리고 천천히 힘을 빼 봐.

③ 얼굴 특히 양미간을 찡그려 봐. 그리고 천천히 힘을 빼 봐.

④ 이를 꽉 물어 봐. 그리고 천천히 힘을 빼 봐.

⑤ 다리에 힘을 주어 봐. 그리고 천천히 힘을 빼 봐.

2. 나의 걱정에 대해 생각해 봐. '나의 걱정은 무엇일까?'

· 하지만 내가 어떤 일을 하고자 할 때 생각만 한다면 그건 어리석은 일이야.

"하나라도 행동으로 하는 것이 효과적이라는 것도 잊지 마."

· 만약 내가 한 실수 때문에 걱정된다면 나한테 이렇게 이야기해 봐.

"사람은 완벽할 수 없어. 실수에 대해 지나치게 나를 비난할 필요가 없어."

3. 걱정의 목록표를 만들어 봐.

제일 걱정되는 일	친구가 나를 별로 좋아하지 않는 것 같은 느낌이 든다. 부모님께서 집에 늦게 데리고 오거나 늦게 오실 때	10 9
걱정되는 일	내일 수업시간에 발표를 하는데 잘해야 한다.	7
조금 걱정되는 일	내일 점심시간에 누구랑 밥을 먹어야 할까?	5

위의 표처럼 나의 불안 및 걱정의 목록표를 만들어 보는 거야.

제일 걱정되는 일		걱정점수 0~10
걱정되는 일		걱정점수 0~10
조금 걱정되는 일		걱정점수 0~10

위와 같이 하거나 아니면 걱정을 함께 해결해 볼까?

1. 내가 걱정하는 것이 무엇일까?	
증거는 무엇일까? (걱정을 하고 있는 증거)	
2. 내가 전에 걱정했을 때 무슨 일이 생겼나?	
무엇이 사실이나?	
어떤 다른 일이 생길 수 있나?	
3. 차분한 생각은 무엇이나?	
실제로 일어날 수 있는 일은 무엇이나?	

4. 스스로 해결할 수 없다면 주변 어른들에게 도움을 청해 봐.

네가 걱정하는 것을 이해하고 같이 해결해 주시려고 노력해 주실 거야.

9) 성역할 정체감 혼란으로 또래관계에 어려움을 겪는 아동

자녀가 성 정체성에 혼란을 겪고 있음을 이야기하는 경우, 대수롭지 않게 여기거나 지나치게 과민하게 놀라면서 이를 부정하는 경우가 있다. 그렇지만 이러한 문제를 대화하기까지 이 아동이 얼마나 많은 고민을 하였을지 생각해 보자. 이러한 아동들을 위해선 자기 내면을 들여다보며 스스로와 소통해 보는 치료과정이 꼭 필요하다. 성 정체감 혼란을 경험하는 아동들은 자신들의 생각과 감정을 이해받지 못하고, 자신의 처치에 대해 비관하여 자아존중감이 낮은 경우가 많고, 우울감이 동반되기도 한다.

이러한 아동들의 치료는 우선적으로 현재의 관계문제(친구관계에서 혹은 사회적으로 배척당하는 일 혹은 내적인 갈등으로 관계에 소극적이게 되는 것)를 해결하면서 동반되는 우울증, 불안감 등을 치료의 과제로 다룬다.

또한 장기적으로 사춘기 이후의 성적 불쾌감과 동성애로까지 발전되지 않도록 예방하는 것을 목표로 한다. 이러한 아동을 위한 치료법은 아직 우위에 있는 치료법은 없지만, 심리치료 및 호르몬 치료를 빨리 시작하는 것이 좋다. 자녀가 문제행동을 보이는 연령이 어릴수록 부모의 역할은 더욱더 중요하다는 사실을 명심해야 할 것이다.

10) 집단 괴롭힘으로 상처받은 아동의 사회성 문제 개입하기

집단 괴롭힘을 당하고 등교 거부를 하거나 학교생활에 자신감을 잃은 아동들을 위해서는 세심하고 조심스럽게 상담을 시작한다. 우선 주변 또래들로부터 집단 괴롭힘을 당한 자녀의 행동 특성을 먼저 살펴보아야 한다. 자녀의 행동이나 특성에서 또래사회로부터 배척받을만 한 소인이 되었던 것이 무엇인지 파악하는 것은 또래관계의 특수성을 해결하는 시작점이 된다. 반드시 객관적인 입장에서 자녀가 어떠한 원인을 제공했는지, 자녀를 괴롭힌 집단이 가지고 있는 문제는 무엇인지를 살펴보자. 자녀에게 문제가 있는 경우라면 전문가의 도움을 받아 수정하고 친구들의 관계적 공격성의 문제라면 학교 교사나 아동심리치료 전문가의 도움을 받아 해결하는 것이 옳을 것이다.

11) 다른 또래들과 함께 친구를 괴롭힌 자녀의 사회성 개입하기

많은 부모들은 자녀가 집단 괴롭힘을 당한 경우보다 가한 경우에 대해 허용적인 경우가 많다. 우리 아이가 친구를 괴롭혔다는 것을 인정하지 않는 경우도 많지만, 인정하더라도 그랬을 만한 이유가 있을 것이라 생각한다. 집단 괴롭힘이 발생하는 데는 여러 가지 이유가 있지만, '관계적 공격성'(공격성에 관한 자세한 내용은 마음맑음 시리즈의 『공격적인 아이 이해하기』 편을 참고하기 바란다)을 힘없는 친구에게 풀고 있는 경우라면 즉시 수정되어야 하고 건강한 방법으로 공격성을 풀어내도록 안내해야 한다.

전문가들은 부모들에게 자녀가 보는 앞에서 자녀의 잘못에 대해 상대에게 사과하라고 말한다. 자녀가 자신의 행동이 사회적으로 용납될 수 없는 행동이고 잘못한 일임을 알도록 하는 것이 우선되어야 하기 때문이다. 다음으로 아이의 친구관계를 잘 살펴볼 필요가 있다. 자신은 그렇지 않았으나 친구들에게 동조하였다면 동조한 행동 그 자체가 부모 및 상담전문가와 함께 해결할 문제이다. 아이의 가해적인 성향이 크고, 오래 지속되었다고 하면 심리치료적인 도움을 받는 것이 향후 일어날 건강한 대인관계를 위한 적절한 대처이다.

12) 기질·인지적인 결함이 원인인 경우

기질이나 인지적 결함을 가진 아동들의 사회성은 심리나 정서 치료적 접근 이외에 다양한 분야의 공동 노력이 필요하다. 굳이 분량을 따지자면 심리치료 접근은 추가적이고 보조적인 조력이 되는 경우가 더 많다. 따라서 본서에서 이러한 아동들에 대해서 구체적으로 다루지 않았지만 간략한 아웃라인을 소개하면 다음과 같다.

인지능력에 결함이 있는 아이들은 친구들과의 놀이에 참여하는 능력, 친구들과의 우정을 발전시키고 유지하는 능력, 사회적인 교류를 하는 데 필요한 사회적 능력 역시 부족하다. 특히, 친구들과의 관계 속에서 갈등상황 해결하기, 친구들의 놀림 해결하기 등은 이들에게 더욱 어려운 문제이다. 이러한 관계의 문제를 해결하지 못할 때 정신지체 아동들은 낮은 자존감을 갖게 되거나 우울 및 불안을 동반하게 되는 경우도 있다. 가정에서는 아동의 행동에 자극을 줄 수 있는 풍부한 환경을 지속적이고 반복적으로 제공해야 한다. 의사소통과 자기통제, 분노 조절, 타인의 감정에 대한 정확한 인식, 사회적 문제 해결, 대인관계의 유지 등에 대하여 세분화하여 체계적인 치료적 개입을 시작한다. 상담 현장에서는 먼저 현실적으로 수행 가능한 사회성 목표를 잡는다. 이는 아동의 사회성 문제를 구체적으로 파악한 후 인지적 수준을 고려한 활동이어야 한다. 다음으로 상대방의 이야기를 잘 듣기를 알려 준다. 그리고 추가적으로 나의 생각을 잘 전달할 수 있는 '나-전달법'을 알려 준다. 합리적인 사고와 비합리적인 사고를 구분할 수 있도록 훈련하며, 지체 수준이 낮은 경우에는 행동의 원인과 결과를 찾아보는 ABC 이론을 알려 줘 아동이 올바르게 판단할 수 있도록 도와준다.

자폐나 아스퍼거와 같이 타인과의 감정을 철회한 아동들은 주위 환경에 대해 무관심하고 사회적 접촉이나 또래와의 협동놀이 등에 어려움을 보여서 정상적인 발달에 필요한 기술들을 습득할 기회가 제한된다. 먼저 아이가 흥미로워하는 일들에 대한 주제를 건네는 것으로 관계를 시작하는 것이 중요하다. 이때 아이의 마음을 열 수 있는 안전한 주제를 시도하자. 그 뒤에 일반적인 아이들이 하는 이야기 등을 할 수 있다. 또래아이들의 문화를 익혀서 노출해 주거나 전달하는 부모의 노력도 필요한데, 예를 들어 또래들이 좋아하는 연예인에 대한 최근 소식을 아이한테 알려 주거나, 아이들이 좋아하는 야구선수의 타율이 실린 신문 스포츠 면을 정독하게 할 수도 있다. 아이가 잘하는 것을 활용하고, 아동의 사회적 관계성 문제를 절대로 포기하지 말자. 계속해서 새롭게 대응하면서 관계를 회복시키고 대화의 문을 열 수 있는 주제들을 시도해 보는 것 역시 중요하다.

아이의 사회성 문제로 고민하시는 어머님들께

아이가 친구들과 잘 지내지 못한다는 것을 알게 된 어느 날, 부모의 마음은 그 어떤 날보다 세상에 대한 자신이 없어집니다. 지금까지 아이를 위해 애써 온 수많은 시간들이 모래성이 되어 무너지고, 무엇을 얼마나 잘해야 한단 말인가, 왜 다른 아이들처럼 쉽게 자라 주지 못하는가, 아이를 원망하고픈 마음까지 생깁니다. 더한 것은 의지와는 달리 관계가 풀리지 않아 혼자 고군분투했을 아이가 안쓰러워 가슴이 미어진다는 것입니다.

많은 부모들은 이렇게 자식 일이 뜻대로 되지 않아 캄캄하고 막막할 때가 한두 번이 아닙니다. 친구가 자신의 다리를 꼬집었다며 울고 있는 아이를 보며 속상해하는 제게 '아이 키우는 일이 네 마음대로 되는 줄 아니?'라고 하셨던 친정어머니 말씀이 생각납니다. 하루에도 몇 번씩 그 말을 되뇌며, 숨을 고르고 가슴을 쓸어 내립니다.

아이가 부모 품을 떠나 또래들 속으로 들어갈 때가 오면, 아이 키우는 일은 엉킨 실타래처럼 복잡하고 어려워집니다. 아이들이 친구들과 어울려 즐거움을 얻고, 서로 사랑하며, 배우고, 그렇게 커 간다는 것이 말처럼 쉽지는 않습니다. 사회성이 좋은 아이로 키우려면 부모로서 어떻게 해야 하는 것일까요? 사회성이 좋다는 것은 아이들의 삶에서 도대체 어떤 의미인가요?

사회성이 좋은 아이들은 하루아침에 만들어지는 것이 아닙니다

사회성이 좋은 아이의 엄마들은 아이가 배 속에 있을 때부터 이미 성실한 노력을 시작합니다. 사람에 대해 좋은 마음을 가지고, 사람과의 관계를 즐기며, 피하지 않고 풀어 가며 돈독히 하는 노력을 한다는 것입니다. 이런 어머니들의 노력은 분명히 태어날 아이들에게 전해질 것입니다. 아이가 태어나 또래를 알아가기 이전 시간에조차도 부모들은 사람들과 부대끼는 것을 서슴지 않고, 적극적으로 갈등을 풀며, 자주 만나 활기차고 정이 넘치는 시간을 보냈을 것입니다. 때로는 귀찮고 고단한 시간들도 많았을 것입니다. 그러나 그 시간들은 아이의 좋은 사회성을 위한 가치 있는 시간이었다고 생각합니다.

그렇다고 지금까지 그렇게 지내 오지 못했음을 자책할 필요는 없습니다. 늦었다고 생각하는 이 순간이 가장 빨리 얻은 마지막 기회이니까요. 중요한 것은 지금부터 어떻게 노력하느냐입니다. 아이의 사회성 문제로 고민하시는 어머니들은 이제부터 어머니의 대인관계에도 활력을 주시고, 아이를 위해 부지런히 친구관계를 위한 멍석을 깔아 보십시오. 또한 어떻게 도와줄 것인지 공부도 열심히, 부지런히 실천하며 한번 도전해 보는 것입니다. 그러나 노력을 한다 하여 바로 결과가 나타나지는 않습니다. 아니요, 모든 시도가 좋은 결과를 주지는 않을지도 모릅니다. 어머니의 끈기 있는 노력뿐만 아니라 그 결과를 위한 기다림도 어머니의 몫입니다.

빨리 아이가 변하지 않는다고 실망하지 마세요

사회성이 성숙해지는 과정은 포도주처럼 은근하게 익어 갑니다. 자주 뚜껑을 열어 보고 맛을 보며 아이를 다그치지 마세요. 어머니가 어제 아이에게 전해 준 사회성 기술을 오늘 아이가 친구에게 실행하지 못한다 하여 속상해할 필요는 없습니다. 사회성은 아이가 직접 행동을 통해 경험해 보고 좌절과 성공을 얻으며 스스로 조절하는 과정을 거쳐야 성숙하게 됩니다. 어머니가 끈기를 가지고, 흔들림 없는 신념으로 아이의 향상과 친구관계의 변화를 기다리시는 것이 중요합니다. 결과에 집중하기보다는 아이의 노력과 과정을 지켜보며 격려하고, 언제든 에너지를 얻어 갈 수 있도록 좋은 에너지 충전소가 되십시오. 어머니가 옆에서 하나하나 실천하며 함께 달려 주는 것도 꼬마 자동차가 나아가는 데 큰 힘이 될 것입니다.

공든 탑은 무너지지 않습니다

아이의 친구관계를 위해서 부모의 많은 공이 필요합니다. 특히 사회성 좋은 아이가 되도록 하기 위해서는 드러나지 않는 부모의 많은 시간과 노력이 내공으로 쌓입니다. 사회성의 기초가 되는 애착 형성을 하는 시기에 엄마는 무엇보다 아이와의 관계를 위해 공을 들이고, 친구를 알아갈 즈음에는 아이들과 어울릴 수 있도록 하기 위한 끊임없는 작은 노력과 수고가 필요합니다. 함께 놀 친구, 시간, 장소, 놀거리 등등 아이가 또래들과 함께할 기회를 놓치지 않도록 하기 위해 대문을 열고, 마음을 열고, 시간을 열어 두는 것도 좋은 방법입니다. 아이가 친구들에게 멋져 보이기 위해서는 하나 정도의 특기도 필요합니다. 특기를 연마하는 일도 꾸준히 끈기를 가지고 강한 의지가 지켜지지 않으면 쉽지 않습니다. 아이가 어려운 단계를 지날 때 버티지 못하고 그만둔다 할 때나 쉽게 시작하고 그만두고자 할 때도 지혜롭게 설득하고 격려하여 특기를 아이 것으로 만들도록 함께 버티어야 합니다. 이 모든 것이 또래들과 잘 지내기 위해 공을 쌓는 것들이고 쉽고 간단한 것은 없습니다. 그러나 이렇게 애써 쌓은 공든 탑은 절대 쉽게 무너지지 않습니다.

사회성도 기초를 튼튼히 하는 것이 중요합니다

모든 일에 가장 중요한 것은 기초를 다지는 것입니다. 집을 짓는 일처럼 친구들과의 관계도 바닥공사를 잘해야 튼튼한 관계가 만들어집니다. 사회성 발달의 기초는 부모님과 애착을 형성하는 일입니다. 아이에게 최초의 대인관계를 경험하게 해 준 어머니와의 생후 초기 3년간의 애착경험은 또래관계의 초석이 됩니다. 엄마와의 관계에서 얻은 '사람과 노는 즐거움', '사람에 대한 믿음', '사람으로부터 얻는 위안과 행복', '사람으로부터 얻는 활기와 생동감' 등, 그 귀하고 사랑스러운 시간들은 전 인생을 따라다니며 대인관계를 위한 기초 자원으로 활용됨을 기억해 주세요.

아이의 마음에 자신감을 쌓는 일도 중요합니다

또 다른 중요한 심리적 자원으로는 자신감입니다. 자신감은 아이가 스스로를 사랑하고 자신을 자랑스럽게 생각하는 마음입니다. 자신감 있는 아이들은 친구들과의 관계에서 보다 당당할 수 있고 친구들에게 진실한 마음으로 대합니다. 아이들의 자신감을 키워 주는 방법은 무엇보다 아이의 있는 그대로의 모습을 존중할 때입니다. 아이의 특별한 그 무엇을 찾아 존중하고 칭찬하기보다는 평범한 일상 속에서 사소한 것들을 존중하는 것이 있는 그대로의 자신을 소중하게 여기도록 하는 것입니다. 아이는 각기 다른 특성을 가지고 있고 그 모든 특성은 존중받아야 하는 것들입니다.

서로 다른 아이들의 특성을 인정하는 것이 필요합니다

모든 아이들은 서로 다른 기질과 특성을 가지고 태어납니다. 그리고 또래들과의 관계를 만들어 갈 때도 자신의 기질을 바탕으로 시작하지요. 아이의 사회성을 키워 주기 위해 노력할 때 기질적 특성에 맞는 방법으로 접근하세요. 즉 아이의 선천적 기질을 거역하지 말고, 아이의 기질에 적합한 양육방식과 사회적 관계를 만들어 가도록 도와주세요. 느린 기질의 아이들에게 또래 속으로 빨리 들어가 놀지 못한다고 핀잔을 하거나, 까다로운 아이의 예민함을 보통아이들 속으로 파묻어 세상살이를 괴롭게 하거나, 양보 잘하는 순한 아이에게 친구들과 싸워 쟁취해 오라고 압력을 가하지 마세요. 아이들은 각자 가지고 태어난 것이 있으니 그 자원이 세상에 수용되고 활용될 수 있을 때 최대의 능력을 발휘합니다. 아이는 우리가 원하는 대로 다시 만들거나 모양을 바꿀 수 있는 조립 로봇이 아닙니다.

아이들에게 가장 훌륭한 '인간관계' 교사는 부모입니다

아이들이 세상을 알아갈 때 부모만큼 좋은 교사는 없습니다. 사회성 교육은 더욱 그러하지요. 부모가 먼저 사람들과 잘 지내는 모습을 보여 주는 것은 아이들에게 좋은 살아 있는 교육이 됩니다. 엄마에게 따뜻한 말 한마디 건네지 않는 아버지를 보고 자란다면, 시댁 식구들이 싫고 힘들다며 늘 투덜대는 엄마를 보고 자란다면, 부모의 형제간에 우애보다는 질투와 시기로 늘 티격태격 싸우며 살아가는 부모님의 모습을 보고 자란다면, 어찌 아이들이 소중한 친구를 아끼고 위로해 주며, 친구의 좋은 일을 진심으로 기뻐하고, 용기를 내어 갈등을 풀어 관계를 깊어지도록 할 수 있을까요? 동네 사람들과 마주치거나 집으로 누군가 오는 것을 꺼려하고 친척들 모임을 울며 겨자 먹기로 참여하는 부모님을 보고 자란다면, 아이도 마찬가지가 됩니다. 아이들은 사람들과 북적대는 시간을 행복보다는 고통으로 여기고, 사람들과 부대끼며 얻는 소소한 행복을 놓치게 될 것입니다. 세상살이에서 사람과의 관계로부터 우리가 얼마나 힘을 얻고 행복과 사랑을 느끼며 삶이 풍요로워질 수 있는지 알지 못할 것입니다.

부모가 대인관계에 어려움이 있다면 용기를 내어 문제를 풀도록 노력해 보세요. 당사자와 대화를 하는 것도 좋고, 가까운 누군가에게 도움을 요청해 봐도 좋고, 그런 것들이 여의치 않다면 상담실 문을 두드려 보는 것도 빠른 방법입니다. 아이의 사회성을 위해서 부모 자신의 변화도 반드시 필요함을 명심하세요.

그 밖에도 부모가 감수해야 할 것들은 여전히 많습니다

아이의 사회성 발달을 위해 부모가 감수해야 할 것들은 셀 수 없이 많습니다. 특히 아이가 처음 친구를 알아갈 때 아이가 원한다면 기꺼이 시간과 장소를 할애하며 투자해야 합니다. 제 아이가 또래를 알아갈 때 비 오고, 바람 불고, 추운 날은 저희 집을 동네 놀이터로 내놓았습니다.

퇴근 후 조용히 쉬지 못하고 집을 치워야 하는 것이 힘들어 '아이의 사회성 발달을 위해 부모들이 어느 정도까지 감수해야 할 것인가?' 하고 잠시 갈등한 적도

있었습니다. 그러나 그 수고가 키운 사회성 열매는 참으로 탐스럽고 크게
자랐습니다. 친구들과 놀 시간이 부족한 아이들에게 놀 수 있는 '황금 같은
시간들'을 놓치지 않고 보장해 준 일은 아이들의 다양한 발달을 도왔다고
생각합니다. 부모가 애써 만든 기회들 안에서 또래들과 놀며 얻을 수 있는
배움의 양은 가늠할 수 없습니다. 아이가 크는 동안 좋은 인간관계를 키우기
위한 시간과 기회가 다시 오지 않는다고 생각해 보십시오. 놀이터로 집을
내놓을 것이 아니라 부모 마음에 닫아 둔 '큰 성도 내놓아야 할 것입니다.

그러나 이런 생각을 해 본다면……
'아이의 사회적 능력은 다른 능력까지 배가 되게 해 줍니다'
아이들이 살면서 세상에서 발휘할 수 있는 능력은 다양합니다. 각자 가진
능력들은 다른 사람들과 잘 지낼 때 배가될 수 있음을 잊지 마세요. 반대로
다른 사람들과 못 지내는 것은 가진 능력을 깎아 버린다는 의미도 있겠지요.
공부만 잘하는 아이로 키우기보다 사람들과도 잘 지내는 아이로 키우는 것은
인간으로서 사랑받으며 살 수 있는 길을 열어 주는 것입니다. 지성이 높은
사람들도 귀한 대접을 받지만 사람들과 잘 어울리는 능력까지 갖추었다면
존경과 사랑을 모두 받을 수 있는 행복한 사람이 된다는 것입니다. 아이들이
앞으로 살아갈 거친 세상에서 사람들과 잘 지내는 능력을 가졌다는 것은
사막에서 끊임없이 목을 축여 줄 샘을 가진 것과 같다는 것을 기억하세요. 이를
위해 어머니들이 세상을 멀리 보고, 크게 보는 담대함을 가지시고, 당밀처럼 싹을
내미는 아이들의 변화를 묵묵히 기다릴 수 있으며, 포기하지 않고 끈기 있게
정진하는 노력으로 임하시길 바랍니다.
이것이 아이들의 사회성 발달을 위해 줄 수 있는 또 하나의 선물입니다.

어머님들의 담대함과 끈기를 응원하며……

참고문헌

고성혜(1994). 어머니가 지각한 양육 스트레스에 관한 연구. 한국청소년연구, 18,
21-37.

안이환(2007). 사회성 측정-이론과 실제. 서현사.

이은미(1995). 공격성과 사회적 위축에 따른 비인기 아동집단의 자아지각과
또래지각. 숙명여자대학교 대학원 석사학위논문.

이종승(2000). 비행청소년과 일반청소년의 인성특성 비교. 學生生活硏究, 1-14.

임은주(2009). 의사소통장애 아동의 문제행동에 영향을 미치는 요인. 연세대학교
대학원 박사학위논문.

정문자 · 안진석(1982). 취학 전 아동의 인기도와 사회적 행동 및 어머니의 양육태도
간의 관계 연구. 아동학회지, 3(1), 63-81.

최정윤 · 박경 · 서혜희(2000). 이상심리학. 서울: 학지사.

최한순(1995). 아버지의 자녀양육 참여도와 유아의 사회적 능력과의 관계. 이화
여자대학교 대학원 석사학위논문.

Baumrind(1966). The Discipline Controversy Revisited. *Family Relations*, 45(4),
405-414.

Coie, Dodge(1988). Multiple Sources of Data on Social Behavior and Social Status in
the School: A Cross-Age Comparison. *Child Development*, 59(3), 815-829.

Gardner & Tockerman(1994). The influence of societal factors on female body image.

The Journal of Social Psychology, 134(6), 141–262.

Gresham, Elliott(1990). *Social Skills Rating System*. American Guidance Service.

Gresham, Elliott(1991). *Social Skills Intervention Guide: Practical strategies for social skills training*. American Guidance Service.

Ladd, Profilet & Hart(1992). Creating informal play opportunities: Are parents' and preschoolers' initiations related to children's competence with peers?. *Developmental Psychology*, 28(6), 1179–1187.

Manassis(1995). Cognitive–Behavioral Group Treatments in Childhood Anxiety Disorders: The Role of Parental Involvement. *Journal of the American Academy of Child & Adolescent Psychiatry*, 38(10), 1223–1229.

McFall(1982). A review and reformulation of the concept of social skills. *Behavioral Assessment*, 4(1), 1–33.

Rubin(1990). Children's Peer Relationships: Longitudinal Prediction of Internalizing and Externalizing Problems from Middle to Late Childhood. *Child Development*, 61(6), 2004–2021.

Waters(1981). Social competence as a developmental construct. *Developmental Review*, 3(1), 79–97.

최명선

학 력

숙명여자대학교 학사, 석사 및 박사 졸업(아동상담 전공)

Gestaltpsychotherapie für Kinder und Jugendlischen(Gestalt Institut Köln in Germany)

Ausbildung in'Methoden und supervision der Gestaltpsychotherapie'(saarbrücken)

경 력

현) 아동청소년상담센터 맑음 소장

    맑음 부설 아동청소년심리치료연구소 소장

전) 동신대학교 상담심리학과 교수

    한국놀이치료학회, 상담심리학회 편집부위원장

    상담심리학회, 놀이치료학회, 인간발달학회 등 다수 학회의 편집위원/학술위원

    숙명여자대학교, 덕성여자대학교, 강원대학교 강사

저 서

『놀이치료: 아동중심적 접근』

『놀이치료의 치료관계와 치료성과』

『아동청소년심리척도 핸드북』

『꿈을 찾으면 내 직업이 보인다』

『사회조사방법론』

『논문의 저술에서 출판까지』

그 외 인관관계론/인성함양/리더십개발 등 다수의 저서와 학술논문 저술

정유진

학력

성신여자대학교 유아교육학과 졸업
숙명여자대학교 아동복지학과 아동심리치료 전공 석사 및 박사과정

경력

현) 맑음 부설 아동청소년심리치료연구소 책임연구원
    (사)다문화가족 세종교육센터 책임연구원
전) 송정신경정신과 놀이치료사
    서울신학대학교 아동발달지원센터 놀이치료사
    숙명여자대학교 아동연구소 연구원
    한서대학교 강사

저서

『인간관계론』
『사회조사방법론』

서은미

학 력
숙명여자대학교 아동복지학과 아동심리치료 전공 석사

경 력
현) 아동청소년상담센터 맑음 놀이치료 및 사회성전문 상담원
전) 오은영 소아청소년클리닉 놀이치료 및 사회성전문 상담원
　　디딤소아청소년클리닉 놀이치료사
　　옥수종합사회복지관 연화아동상담센터 놀이치료사, 사회성치료사
　　노원구보육정보센터 전문상담원·교육복지 투자사업 프로그램 개발연구원

사회성이 부족한 아이 돕기

초판발행 2012년 11월 9일
초판 4쇄 2019년 1월 11일

지은이 최명선 · 정유진 · 서은미
펴낸이 채종준
기획 이주은
편집디자인 김소영
표지디자인 박능원

펴낸곳 한국학술정보(주)
주소 경기도 파주시 회동길 230 (문발동)
전화 031 908 3181(대표)
팩스 031 908 3189
홈페이지 http://ebook.kstudy.com
E-mail 출판사업부 publish@kstudy.com
등록 제일산-115호(2000. 6. 19)

ISBN 978-89-268-3652-1 14370 (Paper Book)
　　　　978-89-268-3653-8 15370 (e-Book)
　　　　978-89-268-3646-0 14370 (Paper Book set)
　　　　978-89-268-3647-7 15370 (e-Book set)